中国历史简报

从夏朝崛起至南北动荡

顾闪闪◎著

航空工业出版社
北京

内 容 提 要

本书是一部按报纸风格排版，向大众读者讲述夏朝至南北朝时期悠久历史的通识类图书。行文风格通俗幽默，将波澜壮阔的历史大事，浓缩为一篇篇引人入胜的新闻报道，既捋清了历史的复杂脉络，又赋予了阅读新鲜感。让读者在轻松愉快的氛围中，感受历史的魅力，激发对历史的热爱与兴趣。

图书在版编目（CIP）数据

中国历史简报：从夏朝崛起至南北动荡 / 顾闪闪著. 北京：航空工业出版社，2025.1. -- ISBN 978-7-5165-3929-3

I. K209

中国国家版本馆CIP数据核字第2024KV1851号

中国历史简报：从夏朝崛起至南北动荡

Zhongguo Lishi Jianbao：Cong Xiachao Jueqi Zhi Nanbei Dongdang

---

航空工业出版社出版发行

（北京市朝阳区京顺路 5 号曙光大厦 C 座四层　100028）

发行部电话：010-85672688　010-85672689　　读者服务热线：010-85672635

河北赛文印刷有限公司印刷　　全国各地新华书店经售

2025 年 1 月第 1 版　　2025 年 1 月第 1 次印刷

开本：185 × 260　1/16　　字数：200 千字

印张：12　　定价：68.00 元

发刊词

亲爱的读者，你知道世界上最早的报纸叫什么名字吗？

通过查阅百科全书，我们很快就能找到答案：它就是公元1609年在斯特拉斯堡首次出版的《通告报》，至于近代中文第一报，则是1872年4月30日在上海创刊的《申江新报》（后更名为《申报》）。

《申报》出版后，国内又陆续出现了《中外新报》《万国公报》《北洋官报》等知名报纸，这些承载着先进文明思想和自然科学知识的时报，成为中国人开眼看世界的望远镜，开阔了国人的眼界，对中国近代政治、文化、经济的发展都起到了相当积极的作用。

不过，早在这些近代报纸诞生前，聪明的中国古人就已经发明了本土时报——《邸报》，唐朝时亦有《开元杂报》，宋朝时人们喜欢读新闻小报，明清时有报房出版的《京报》，至于那些未被史书收录、专门记录时事热闻的八卦刊物，可能出现得就更早了。

几千年来，人类对于追逐第一手消息的热情始终如一，今天我们在书上看到的那些重要历史事件，在当时，必定都是引爆头条的重磅消息。

试想，如果中国历史是一辆飞速向前的时空列车，你坐在车厢中，随手打开一份刊发于当时的报纸，你将会看到什么？

是大水滔天，鲧治水失败，其子大禹取而代之的头版头条？还是伊尹从一介奴隶逆袭成为贤相的心路历程？又或者是七国混战的烽烟、诸子百家的争鸣、改革家们为乱世变法做出的努力、少年名将封狼居胥的壮举……

如果觉得这些资讯过于严肃，在报纸的边边角角，你也能搜罗到一些有趣的信息，譬如，“史上首位被雷劈死的君王是谁”“一起由乌龟汤引发的惨案”“东晋宰相谢安为下棋豪掷别墅，这是怎么回事”，等等。

就像我们今天阅读的报纸一样，这份报纸包罗万象，足够满足你的一切好奇心和求知欲。

在“现场直击”栏目，你将有机会看到鸣条之战的大场面，战地记者总是能以最快的速度赶赴战场，为读者进行深入报道；

在“热点人物”栏目，你将看到针对管仲、秦孝公、孟尝君、项羽等历史人物的专题采访，近距离感受这些“老祖宗”的魅力；

除此之外，这份报纸还一比一还原现代报纸，设置了“时事追踪”“重磅发布”“百姓生活”“轶事杂谈”“读者信箱”“文娱快报”“财经密码”“世界观察”等诸多趣味栏目，它甚至还有广告版面，会告诉你最香醇的美酒到哪里买，最热门的赛马比赛要去哪里看，好工作该去哪里找，谁编的草鞋最时尚好穿……

也许看到这里，你不免感到遗憾，因为这样一份贯穿中国上下五千年的“时报”，似乎只存在于我们的想象中。

为了满足大家学习历史、获悉朝代趣闻的愿望，本编辑部决定把这份想象变为现实，为此，我们专门打造了一套《中国历史简报——从夏朝崛起至南北动荡》，旨在带大家用读报的方式，轻松通晓中国古代史。

《中国历史简报——从夏朝崛起至南北动荡》共二十一期，排版清晰，内容丰富，期待您的订阅！

目录

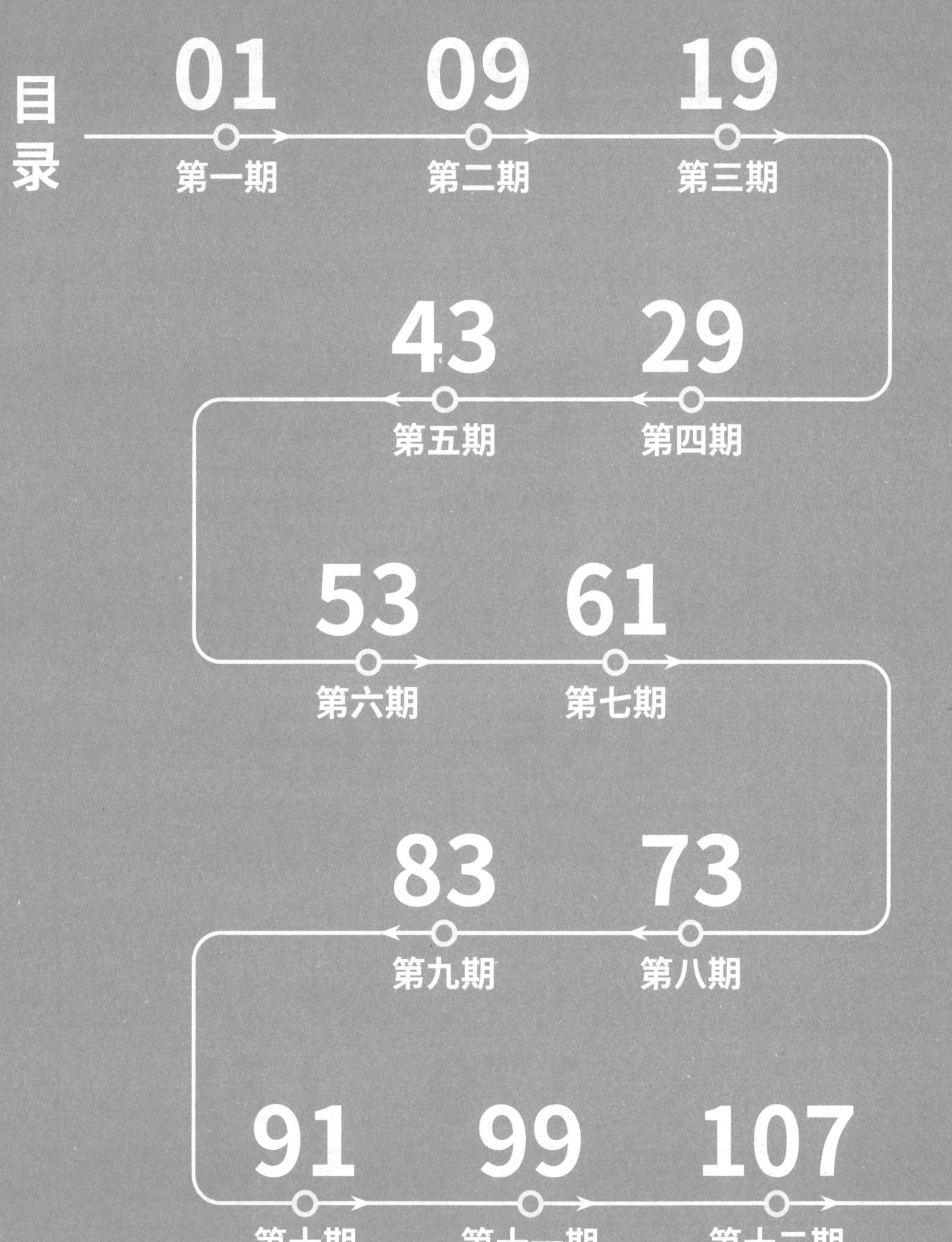

115 第十三期
123 第十四期
131 第十五期
139 第十六期
147 第十七期
155 第十八期
163 第十九期
171 第二十期
179 第二十一期

第一期
公元前 1601 年 12 月 31 日
（本期第 1 版）

▼本期焦点

中原各地陆续发生特大洪水，千万百姓危在旦夕

连日来，中原多地发生暴雨洪涝灾害，当地百姓受灾严重，滔天的洪水已经淹没了山陵，冲毁了堤坝，无数百姓因此流离失所，无家可归，然而水位依旧在不断上涨。长时间的洪涝灾害也催生了饥荒、疫病等问题，治水救灾刻不容缓。

对此，部落联盟领袖唐尧紧急召开了防汛抗洪策略研讨会，他在会上提出："专业的事就应该交给专业的人来办，抗洪是否能取得成功，最重要的是我们能否找到这方面的顶尖人才。"经过四岳举荐和群臣举手表决，唐尧最终决定任命有崇部落首领鲧为治水主要负责人。

然而也有人对此持怀疑态度，认为鲧虽精通水利知识，但任性独断，不知变通，并不是治水的最佳人选。

究竟鲧治水结果如何？他能带领天下百姓度过这场浩劫吗？

欲知详情，请翻阅本期第2版

紧急招募治水专家！

无任何门槛限制

洪水无情，人间有爱。

治水九年无果，鲧或面临严厉处罚

本报讯 距离鲧走马上任，率抢险救灾组抗洪治水已过去了整整九年，遗憾的是，洪灾并未得到抑制，反而愈演愈烈。据悉，面对不断上涨的洪水，鲧采用了筑堤堵水的传统方法，在原有基础上不断加高堤坝，用堵塞的方式阻止洪水漫延。这种策略起初收效还算良好，洪水被挡在了高堤之外，百姓也纷纷从山顶撤回平原居住，生活似乎又恢复了平静，但随着时间推移，越筑越高的堤坝再也承受不住洪水的冲击，灾难便随之发生了。

筑堤堵水的治水方针非但没有达到救灾的目的，反而使黎民百姓的生命及财产受到了严重损失，无数人因此丧命，各部落怨声载道，纷纷谴责鲧治水不力。作为抗洪工作的主要负责人，鲧对此负有不可推卸的责任，有知情人士透露，鲧将受到严厉惩处，最高或被判死刑。

面对如此巨大的压力，谁能接下鲧的重任？人们的命运又将走向何方？

敬请关注本报第3版

本报记者 包打听

关于任命舜为下一任部落联盟领袖的通知

经过部落联盟多次讨论及各部落首领联合推举，唐尧最终决定禅位于舜，由舜接替自己，担任部落联盟的下一任领袖。即日起，天下各部落都将听从舜的号令，共同维护联盟的和平与稳定。

舜，妫姓，号有虞氏，东夷人氏，天生重瞳，故名重华。他身高八尺，面目黧黑，身材矮小，家境清贫，平日里以耕耘、捕鱼和制陶为生，深知民间疾苦。他为人乐观，孝顺友爱，胸怀宽广，且能明辨是非，正是因为有了这些优秀的品质，他才能一路披荆斩棘，通过为期三年的艰苦考验，最终得到尧的认可，成为黎民百姓公认的贤明帝王。

大禹：我的心里只有治水这一件事

编者按 因治水不力，新任部落联盟领袖舜当众宣布，免去鲧相关职务，并将鲧流放羽山，执行死刑。消息一出，当即引起轩然大波，作为鲧的亲生儿子，大禹心中做何感想？他又为何心甘情愿地接受舜的委派，接下这块“害死”了自己父亲的烫手山芋？为了解答这些疑问，我们特别请到了当事人大禹，由他亲自来为广大读者一一说明。

小编：大禹您好，感谢您百忙之中抽空来接受我们的采访！话不多说，我们直接进入正题。请问目前治水工作进行得还顺利吗？

大禹：治水工作正在有序进行中，虽然任重道远，但经过数年的探索，我们已经摸清了一条可行的道路，有效地抑制了洪水的肆虐，相信过不了多久，水患就能被根治，百姓们的生活也能恢复平静安宁。

小编：您认为治水工作中最大的阻力是什么？

大禹：我想，最大的阻力还是对于山川形貌的不了解吧。中原地区土地辽阔，不仅有连绵的大山，还有纵横的江河，以及数不清的盆地沼泽，它们就像身体的各个器官，分别有着不同的病灶，要想根除水患，绝不能一概而论，只能因地制宜。为此，我亲自带领贤臣益稷和他们管辖的百姓，从冀州出发，用脚步丈量地形，立木桩作为标记，陆行乘车，水行乘船，泥行乘橇，不辞辛劳，就这样一点点标定了所有高山大川的位置，为疏浚水道做好了充分的前期准备。

小编：我们注意到，您用到了“疏浚”这个词。众所周知，您的治水本领承袭自您的父亲鲧，而您父亲最擅长的是修筑堤坝。为什么这次您会选择与您父亲截然相反的治水方法呢？

大禹：在一般情况下，修筑堤坝的确对抵挡洪水有一定的效果，但却不适用于眼下这种极端的洪涝灾害。先前，我父亲已经用整整九年的时间证明了，大洪水堵是堵不住的，所以我这次吸取了他的教训，将疏浚作为主要手段，挖掘了九个大湖，开辟了九条河道，根据地形地势，让连年积蓄的洪水分流到各处，这样就避免了决堤的危险。届时再根据当地的地形特点发展农业、养殖业，这样老百姓的衣食问题也解决了。

小编：这些事说起来容易，实际做起来，却不知道要付出多少艰辛的努力。听说您为了治水大计，已经很久都没有回过家了，世间还流传着您“三过家门而不入”的美谈，能和我们讲讲背后

的故事吗？

大禹：算起来我上次回家已经是十三年前的事了。当年我娶了涂山氏的女儿为妻，新婚才刚刚四天，就不得不离家赴任，就连我的亲生儿子启，我也从未抚育教导过，提起这些事，心中不伤感是不可能的。多少次我站在家门外的道路上，想推开门去见见他们母子，可一想到治水工作尚未完成，无数家庭还在因为洪水而破碎失散，我就顾不得这些了，只想早日平治水土，让天底下所有的家庭安居乐业。

小编：这种舍小家为大家的精神，真是令人感动。我们还想问您一个比较敏感的问题，您的父亲是被舜处死的，对此您不会心怀记恨吗？为什么您还能不计前嫌，接受舜的任命呢？

大禹：父亲因治水而被降罪，我的心中自然十分悲痛，但舜之所以这样做，并不是因为个人恩怨，而是为了天下苍生，我又怎会记恨他呢？战胜滔天的洪水是父亲毕生的理想，作为他的儿子，我更应该接下他肩上的重担，亲自完成他未竟的事业，这才对得起他的在天之灵，为此付出再多努力都是值得的。

热烈庆祝大禹治水取得圆满成功

喜报！经过鲧、禹两代人二十多年的治理，灭世级的大洪水终于得到有效控制，自此九州大定，各部宾服，四海安宁，黎民百姓也得以继续在这片土地上繁衍生息，不必再承受流离之苦。

为了树立榜样，弘扬劳动奉献精神，表彰大禹为治水大业付出的辛勤努力，舜特别为大禹颁发了玄圭荣誉奖章，并向上天举荐大禹为嗣，约定在自己去世后，将帝位禅让给大禹。

大禹为人聪明机警，吃苦耐劳，能力出众，诚信友爱，堪称百官的道德典范。平日里，他从不沉迷于个人享乐，宁愿自己住在低矮的茅屋里，也要节衣缩食，将省下来的钱用于治水和祭祀；生活上，他以身作则，遵纪守法，将所剩不多的粮食尽数分给各部族，合理调配的同时，还向广大百姓传授农业知识，教导居民因地制宜，发展农业生产。

面对舜的禅位，大禹表现得极为谦逊和低调。为舜服丧三年后，他主动提出将帝位让给舜的儿子商均，自己则躲避到阳城隐居生活。但大禹威望太盛，深得民心，各部族纷纷追随他来到阳城，众望所归之下，大禹终于答应继承帝位，定国号大夏，国姓姒。

一张表带你看懂九州新区划

近日，许多读者向本报求助，表示大禹治水过程中，将天下划分为九州，现在洪水已平，但自己对于九州的新区划还是一头雾水。为了满足读者的求知欲，小编特别制作了一张表格，希望能对读者有所帮助，快来看看你家在哪一州？

名称	位置	土壤特点	特产	赋税等级
冀州	地处北方，腹地阳平，九州之首，帝都所在，地域广大	土质细白松软，地势平坦，便于耕种	鸟夷族皮衣，游猎民族全手工打造，结实耐穿	田地第五等，田赋第一等
兖州	位于济水、黄河之间	雷泽之畔，多种桑树，土壤肥厚，花木茂盛	漆器、丝、竹筐、织物等	田地第六等，田赋第六等
青州	位于渤海、泰山之间	土质偏白肥厚，临近海滨，多盐碱地	盐、细葛布、海产、矿石、蚕丝等	田地第三等，田赋第四等
徐州	东起大海，北至泰山，南抵淮河	境内有大野泽，土壤为红色黏土，洪水退去后耕地逐渐恢复	五色土、琴桐、彩色雉鸡尾羽、磬石、珠蚌、黑色细丝绸等	田地第二等，田赋第五等
扬州	淮河以南，大海以西	境内有彭蠡泽、震泽，土质湿润，多生箭竹	三色铜、竹箭、象牙、兽皮、羽毛、牦牛尾、彩色丝织品、橘子、柚子等	田地第九等，田赋六七等
荆州	北起荆山，南至衡阳	境内有云梦泽，土质湿润	三色铜、羽毛、牦牛尾、象牙、兽皮、丹砂、格木、菁茅、大龟等	田地第八等，田赋第三等
豫州	荆山以北，黄河以南	土壤为肥沃黑土，地势低洼	漆器、丝绸、细葛布、磬石、细丝絮等	田地第四等，田赋一二等
梁州	东至华阳，西抵黑水	土壤青黑	美玉、铁、银、兽毛地毯、石	田地第七等，田赋第八等
雍州	位于黑水、西河之间，原为西戎各国所在地	土壤为松软黄土，土质肥沃	美玉、美石	田地第一等，田赋第六等

世袭 or 禅让？大禹继承人人选惹争议

大禹因病去世的消息牵动着天下万民的心，而谁才是大禹帝位的合法继承人，也成为黎民百姓最关心的话题。正当各部落因为此事争论不休的时候，本报记者却意外得到消息，据相关人士透露，禹的儿子启已经取代伯益，正式成为大夏王朝的新主人。

对此，有人发表评论，认为启此举太过自私自利，简直是狼子野心。部落联盟领袖之位向来是有德者居之，尧为了考验舜的道德品行，花了整整三年的时间，最终才决定将帝位禅让于他，而启只凭一句“我父是大禹”，就想坐上这个万众瞩目的位置，实在是痴人说梦，这种“帝二代”的作风令人不齿。启如果有半点自知之明，就应该及早把帝位还给伯益，毕竟伯益才是大禹在世时选中的禅位人选。

但也有人提出不同意见，表示伯益虽然辅助大禹治水有功，但性格过于谨慎保守，缺乏王者的威严霸气，而启作为禹的儿子，继承了他的德行和风采，在各部落素有威望，是最佳的帝王人选。再说，大禹为苍生舍生忘死，奉献自己的一生，我们无以为报，听从他儿子的领导，这不是合情合理的吗？

另有一部分人感叹，要是皋陶还活着就好了，他从唐尧时代起就担任司法长官，创立了五刑、五教，最是公正明智，当年大禹就想把帝位禅让给他，可惜好人不长命……

“家天下”弊端暴露，夏禹子孙后劲不足

自从帝启开创了“家天下”传统后，君主之位便成为王室家族的私有物，世代相传。在帝启即位之初，有人曾发表议论，认为这种继承制可以有效减少部落之间的纷争，更好地维护天下的稳定，但这些年看下来，结果却让人大失所望。毕竟，并不是冠上“夏后氏”，就能当好君主，每个家族都难免会出几个“显眼包”。

就拿帝启的儿子太康来说，父亲前半生的峥嵘他不曾见证，后半生的奢靡享乐倒是被他学了个十成十，最终落得个失国被逐的下场。太康的弟弟中康本想摆脱傀儡身份，怎奈对手羿过于强大，最终也只得潦草收场，随后即位的少康、帝予、帝槐、帝芒等也都如昙花一现，并未留下太多丰功伟绩，到了孔甲这一代，更是摆出了荒淫暴君的姿态，大夏国也显现出了衰败之相。

这种发展态势让不少人都发出了灵魂质问：夏朝是不是真的要完了？也有人感叹，这都是世袭制的“锅”，还是怀念那个帝位禅让、天下公有的时代，只可惜历史的车轮滚滚向前，一切都回不去了……

太阳被天狗吃掉了

昨天上午，王都斟鄩发生诡异现象。据目击者称，当时他正在街上买菜，忽然感觉头顶一黑，不禁抬头去看，却发现天上的太阳竟好似被天狗一口一口吞掉了。随着天地间彻底陷入漆黑，一时间整个街市都乱成了一团，儿哭娘喊，推搡不断，甚至还发生了踩踏事件。

事件发生后，夏王中康第一时间召集群臣，想要按照惯例举行祭祀大典，向上天献上钱币，求老天爷把太阳放回来。可就在这么要紧的节骨眼，天官羲和却不见了。人们寻了一大圈，才终于找到了酩酊大醉的羲和。最终，羲和因渎职被处以斩首之刑。值得庆幸的是，虽然没来得及举行祭祀，太阳也顺利回来了。

《历史简报》温馨提示：所谓的“天狗吃太阳”只是一种正常天象，也被称为“日食”，并不是所谓的“天罚”，请大家冷静看待，不必过于恐慌。

丧心病狂！资深驯龙师竟做出这种事

家住夏都西河的孔甲先生告诉我们，最近他遇到了一件让他很不痛快的事。

事情还要从几个月前说起。彼时他刚刚继承帝位，因为一些个人作风问题，正深陷舆论旋涡，四方人心浮动，诸侯纷纷反叛，夏王室的支持率眼看着就要跌落谷底。正当他无比焦虑之时，奇迹发生了——天空一声巨响，双龙闪亮登场。

对于这两条从天而降的龙，孔甲十分喜爱，它们的出现向各部落昭示了，夏后氏依旧是这天下的主人。但紧接着，一个难题出现在他面前——龙吃什么？怎么养？谁来养？

这可难倒了一票文武大臣，毕竟过去龙是传说中的生物，大家都是只听过没见过，据说天底下只有豢龙氏掌握着养龙技术，但王室多番寻访，都没能找到他们的踪迹。这时，有人向孔甲推荐了刘累。

“当时推荐人跟我吹得天花乱坠，说什么这个刘累出身不凡，是唐尧后人，养龙技术一流，信誉有保障。”孔甲说，“我一听就心动了，不仅把我的宝贝龙交给他养，还给他赐了一个霸气的新姓——御龙氏，甚至把祝融氏的封地都赏给了他，这待遇够优厚了吧？”

可让孔甲先生没有想到的是，一段时间后，双龙中的雌龙还是被刘累养死了。更过分的是，不知是为了掩盖真相还是别有居心，刘累竟然把死去雌龙的尸体做成了肉酱，献给孔甲，这番迷之操作实在是让人心情复杂。

目前刘累已经畏罪潜逃，夏王室也向全天下发布了通缉令。受害人孔甲表示，龙养得好不好现在已经不重要了，他就想问问刘累，这款美味肉酱的配方到底是什么？而幸存龙则含泪呼吁：“救救孩子！”

夏桀傲慢发言遭痛批

百姓：这样的“太阳”早该陨落了！

近些日子以来，夏王朝的“百姓热线”几乎要被打爆，民众们激愤地控诉着新王夏桀的种种暴行，甚至有人直言，夏桀堪称夏王朝建立四百多年来最差劲的统治者，他的可怕程度甚至超过了洪水猛兽。

“自从夏桀即位以来，老百姓就没过过一天好日子。他自己不理政务，沉迷玩乐也就罢了，可他还任用一批专门为他敛财的小人，这些人不光把朝堂搞得乌烟瘴气，还在民间肆意搜刮，我们辛辛苦苦种下的庄稼、赚来的钱，都被他们以各种名目抢光了。夏桀不仅宠信佞臣，还贪恋美色，他攻打东夷的时候，抢回了一位名叫妹喜的美人，据说这位美人最喜欢听裂帛的声音，夏桀就让她放开了随便撕，要知道在我们这个时代，绢帛比黄金还珍贵，这是何等的暴殄天物啊？也许是厌倦了普通的玩法，夏桀竟还派人在宫中挖了一个大池子，在池中灌满美酒佳酿，取名‘酒池’。这几年来，倾宫、瑶台、琼室、玉门拔地而起，老百姓的日子却越过越差。听说他最近又要建一座夜宫，不知道又要有多少可怜人会为之送命！”

听了百姓的控诉，记者不禁产生了一个疑问：夏桀荒唐到这种地步，难道就没有人能站出来管管他吗？

“怎么没有？那也得大王肯听啊！”一位朝中官员告诉记者，因为直言劝阻，这段时间内已经酿成了不少惨剧，“关龙逄你们知道吧？那可是朝中老臣啊，就是因为劝谏大王要节俭爱民，竟然被残忍地杀死了。太史令终古也劝谏过他，但大王只把他的话当成耳旁风，终古知道他不可救药了，就跳槽到以贤明著称的商汤那里了。我看照这种趋势，过不了多久，朝中有本事的大臣就会跑光了！”

与忧心忡忡的大臣们不同，面对这种民怨载道的局面，夏桀表现得相当有底气，他还公开放言：“天下本来就是我们夏后氏的，寡人享用自己的家产，有什么问题吗？寡人知道，这些刁民每天都在诅咒寡人早死。可他们不知道，寡人与天下万民的关系，就好比太阳和月亮，月亮还没有灭亡，太阳难道会灭亡吗？”

夏桀的傲慢发言彻底激怒了夏朝民众，百姓纷纷呛声：“如果夏桀这个太阳能灭亡，我们不介意与他同归于尽！”

▶ **注：** 夏桀名癸，桀是其谥号，其生前应没有这一称呼，本报为方便代指，故写作“夏桀”。

大夏金曲榜前三名揭晓，榜首实至名归

自夏朝建立以来，这片土地上发生了许多惊心动魄的大事，在这四百多年里，也诞生了许多让人印象深刻的音乐作品，它们记录着历史，也传达着人们的心声。经过激烈的投票角逐，万众瞩目的大夏金曲榜前三名终于揭晓，接下来就跟着本报小编一同欣赏吧！

第三名《甘誓》

小编推荐：

想必上过战场的朋友们对这首《甘誓》都不陌生，没错，它正是帝启在讨伐反叛的有扈氏时所作的誓词，是一首慷慨激昂的战歌。这首歌动人心魄，节拍铿锵有力，更重要的是，它的曲调中充满了驰骋沙场的英雄气概，好像闭上眼睛，就又回到了甘地古战场。战场之上，帝王夏启手执兵器，号令三军，高喊着誓词，终于征服了有扈氏，让天下万民臣服在自己的脚下。怎么样？是不是前奏一响，就燃起来了？

小编推荐：

和《甘誓》比起来，这首《五子之歌》的曲调就沉郁了许多。这也是一首经典老歌了，想当年，启的长子太康继位，他既没有祖父的贤能，又没有父亲的魄力，平日里只知狩猎作乐，最终被有穷氏的羿打败，就连国都斟鄩也被占领，而自己也被羿流放到戈地。他的五个弟弟在洛水之畔苦苦等待他归来，心中又是思念，又是哀怨，不由得齐声吟唱起先祖大禹的告诫，一声声“民惟邦本，本固邦宁”饱含了多少痛心的悔恨？难怪大家都说，这首歌唱到了人心里，伤心的人别听《五子之歌》。

第一名《箫韶》

小编推荐：

听完了伤情的《五子之歌》，让我们一起来聆听接下来这首快乐的歌曲——《箫韶》。这首歌可不简单，它是由伟大的乐官夔负责作曲，并在大禹治水庆功宴这个重要场合演奏的雅乐。据说演奏的那一日，“凤皇来仪，百兽率舞”，场面无比盛大，就连帝舜和皋陶也忍不住和着音乐来了段经典对唱，抒发心中的由衷喜悦，分享自己的治国心得。臣民们听着这尽善尽美的音乐，品味着正能量满满的歌词，心中无不敬服，也就是在这一天过后，天下都尊奉禹为山川神主，实在是一首好听又有意义的乐曲，能长年蝉联金曲榜榜首也不奇怪啦！

世界观察

巴比伦王统一两河流域，颁布《汉谟拉比法典》

本报讯 公元前 1776 年，古巴比伦王国第六任国王汉谟拉比召开新闻发布会，宣布将在神殿内竖立起一根高大的黑色玄武岩石柱，并将目前收集到的所有现行法律条文，用楔形文字刻于其上，汇编成一部权威法典。专家表示，此法典一旦颁布，人类社会的法治进程将向前迈出一大步。

第二期
公元前 1046 年 12 月 31 日
（本期第 1 版）

▼本期焦点

革天之命！

商汤向夏王室发起挑战

君主挥师讨伐方国的情况，相信大家已屡见不鲜，可方国兴兵讨伐君主的景象，有人见过吗？

据报道，公元前17世纪，还在夏王宫内沉迷于享乐的夏桀被一封战书惊醒，下战书的不是别人，正是不久前还被自己囚禁于夏台的商国国君——成汤。接到战书后，夏桀心中又怒又惊，怒是因为商汤竟然敢以下犯上，全然不把他这个夏王朝的“太阳”放在眼里；惊的是夏朝自大禹起，已经延续了四百多年，颠覆夏朝无异于违抗天命，其他人想都不敢想的事情，商汤居然敢做，还做得这么轰轰烈烈！

为了抵抗商汤率领的诸侯联军，夏桀派出了夏朝全部的兵力，不久，两支大军在鸣条之野，展开了一场史无前例的激烈会战。最终获胜的是代表王室的夏军，还是顺应民心的商军？这位敢于逆天而行的商汤，又究竟是一个什么样的人？

本报记者将深入鸣条战场，舍命为您跟踪报道。

招聘启事

因商国国君不日将迎娶有莘氏之女，
有莘国王室现招募陪嫁媵臣若干名，
要求手脚麻利，抗压能力强，
能接受长期出差，
有庖厨资格证者优先。
工资面议，高于国内奴隶平均收入。
有意愿者可直接前往宫门外报名。

商汤战前历数夏桀 N 条罪状

在收到双方开战的确切消息后，本报记者第一时间来到了夏商之战的主战场——鸣条之野。放眼望去，商国的五千大军已经蓄势待发，每个人脸上都显出了昂扬的斗志，除了这些精锐之师外，商军还配备了七十余辆专为野地进攻打造的战车，这无疑会让商军在这场大决战中如虎添翼。

赢得一场战争，不仅需要强大的军事装备，战士们的心态也至关重要。在战斗正式开始前，商汤专门将将士都召集到一起，当众发表了一场让人热血沸腾的演讲，申明了自己发动这场征伐的正当性，也历数了夏桀对人民犯下的数条重罪。

他说："你们平日里的一些抱怨我都听说了，但眼下的局势，并非我想兴兵作乱，以臣伐君，而是夏桀暴虐无道，昏聩无德，实在不给老百姓活路，我才出此下策！再说了，伐夏也不是我个人的主张，而是上天降下旨意要惩罚暴君，我不敢不听上天的啊！或许你们会说：'您让我们抛下地里的农活不管，跑来和夏朝的军队打仗，实在是不体恤我们！'或许你们还会说：'您说夏桀罪不可赦，连上天都要惩罚他，可他的罪行到底有哪些？说出来让我们听听啊！'现在我就来一一解开你们的疑惑。"

"夏桀为了让自己住上奢华的宫殿，大兴徭役，耗光了国家的民力；为了满足自己享乐的欲望，加重赋税，大肆搜刮民脂民膏，耗光了国家的财力。自夏桀继位以来，诸侯背叛，国无宁日，老百姓都生活在水深火热之中，就算大家付出再多辛劳和汗水，又有什么用呢？我现在带领你们来讨伐他，就是为了让百姓重新过上幸福安宁的日子，所以这场战争我们一定要赢得胜利！等会和我一起向前冲锋的人，我一定会重重奖赏他；如果有人敢违抗军令当逃兵，我也一定不会宽赦他，我商汤说到做到！"

演讲结束后，商汤让传令官把誓师的誓词写下来，命名《汤誓》，下令全军传阅。将士们听了商汤的慷慨陈词后，更坚定了打败夏桀的决心，所以战斗一开始，他们就像虎豹一样前赴后继地冲了出去。尽管天上下起了瓢泼大雨，还伴随着恐怖的电闪雷鸣，但是丝毫没有影响商军的战斗力。

夏桀派出的士兵们哪里见过这架势？一时间连战连退，兵败如山倒，而王宫里的夏桀见此状况，再没了平日的不可一世，早已带着几百残兵连滚带爬地逃到了东边的小国三朡。商国士兵们举着兵器在暴雨中欢呼，老百姓"烈日当头"的时代终于过去了！

本报战地记者 溜得快

众说纷纭

他们眼中的商汤

鸣条之战过后，许多读者都对“夏商革命”的发起者商汤产生了强烈的好奇心，他是一个怎样的人？他身上都有哪些独特的人格魅力？

为了带大家全方位地了解这位传奇君主，本报特别采访了几位本国国民以及与商汤有过密切交往的相关人士，来聊聊他们眼中的商汤。

商丘老者：

汤？不得了，那可是位大人物。

听说过“天命玄鸟，降而生商”这句歌谣吗？相传上古时代，高辛氏首领帝喾有一位次妃，名唤简狄，是有娀氏的女儿，她在沐浴的时候，意外吞下了一枚燕子蛋，不久之后就怀孕生下了一个婴儿，取名“契”，契就是商国的始祖。尧帝时期，契被封为火正，负责保存重要的火种，死后更是被尊奉为“火神”。而这位汤，正是契的第十四代孙。俗话说，“老子英雄儿好汉”，有这么伟大的先祖，汤也一定不是等闲之辈！

林中猎户：

出身不凡只是商汤最不值一提的优点，他的圣明仁慈就连我这个猎户都有所耳闻。

还记得那天我出门捕鸟，为了多抓几只，我在四面八方都张满了网，一边挂网还一边向上天祝祷，念叨着：“天下四方的鸟儿哟，都飞进我的网里来吧！”没想到我的这一举动正好被路过的商汤看见了，他叹了口气，对我说：“你这样张网，过不了几天，鸟就会被你网尽了啊！”说着便让我把三个方向的网撤掉，只留下一个方向的，之后也像我一样向上天祝祷，祝祷的内容却是：“天下四方的鸟儿哟，你们想向左飞，就向左飞，想向右飞，就向右飞，实在不听话的，再飞进网里来吧！”

我站在一旁听着，心中羞愧极了，试想一位对飞禽走兽都这么仁慈的君主，会苛待自己国中的百姓吗？一位懂得“可持续发展”道理的君主，会治理不好国家吗？做成汤的子民，幸福指数有多高，不用我细说了吧？

夏桀：

商汤就是个乱臣贼子！

寡人在位时，他就一直野心勃勃，先是将商国的国都从商丘迁到了亳，又灭掉了效忠寡人的葛国，拉拢、征服了商国周围的许多诸侯方国，甚至还派伊尹到寡人身边来做间谍，刺探情报。想当年，寡人也怀疑过他，将他囚禁在夏台，怎奈他身边那个伊尹太过狡猾，向寡人发出了一系列糖衣炮弹，寡人哪里招架得住？一时疏忽，就放虎归山了。现在回想起来真是后悔！早知道商汤如此可恶，寡人就应该斩草除根，不留后患！

彭氏之子：

您这个暴君有什么资格评价商汤？

自我介绍一下，我是商汤的车夫。对于这个性格温和、情绪稳定的老板，我一直是很敬仰的，可唯独有那么一回，以仁爱宽厚著称的商汤竟然冲我发火了。那天，他说要亲自去拜访伊尹，命我为他驾车。对于他的这个行为，我是很费解的，以他的身份，什么人还需要他亲自去见？派人去传召一下不就得了？何况伊尹不过是一个奴隶，身份卑贱至极，哪来的这么大的面子？

半路上，我还是没忍住说出了心中的疑惑，想不到商汤听后气愤至极，说什么都不坐我的车了，还说伊尹不是一般人，是能让商国振兴的良药，说我不想让他去见伊尹，就是不盼着他好。唉！这让我到哪去说理去？不过后来发生的事情也证明了，他的判断是正确的，伊尹确实是难得一见的贤才，每每想到这件事，我就更佩服商汤了。

伊尹：贤相伊尹的逆袭之路

提到伊尹，人们首先想到的往往是他的贤相身份，但鲜少有人知道，在被商汤聘任之前，伊尹竟然是有莘国王宫中一个卑贱的奴隶。

伊尹名挚，出生于以人杰地灵著称的有莘国，尹是他后来担任的官职名。与其他出身高贵的辅政大臣不同，据说，伊尹自小就被遗弃在一片桑林之中，成为孤儿，幸好被一位善良的采桑女捡到，又交由有莘国王宫中一位庖厨抚养长大，才免于冻饿而死。

不幸的是，在这个时代，奴隶的身份是十分卑微的。尽管伊尹自少年时便对尧舜之道产生了浓厚的兴趣，努力向学，钻研治国之道，甚至还凭借自己的努力，成为贵族子弟的“师仆”。但人们依然不相信，这个白天在田间种地、晚上在厨房里熬汤的穷小子会和国家大事扯上什么关系，直到那个男人的出现。

提到与商汤的相遇，伊尹曾不止一次骄傲地表示，这是一场“双向奔赴”。当记者问到他是如何草根逆袭，走上人生巅峰的时候，伊尹则向我们传授了三个宝贵的成功秘诀。

秘诀一：主动出击，君择臣臣亦择君

与其他被动等待的求职者不同，早在与商汤正式见面之前，伊尹的目光便锁定了这位有德之君。但以他的奴隶身份，是无法离开有莘国的，更没法接近高高在上的商国国君，所以在听说商汤要迎娶有莘氏女儿的消息后，伊尹果断报名，自愿成为一名陪嫁的媵臣，并借这个特殊的机会，来到了商汤身边，迈出了走向成功的第一步，也是最重要一步。

多年后，商汤也放出惊人爆料，表示他当年之所以迎娶有莘氏的女儿，图的不是别的，正是看中了有莘国王宫中这位气度不凡的奴隶，想要神不知鬼不觉地把他转移到商国，为自己所用。这怎么不算是一种君臣默契呢?

秘诀二：提升自身优势，用特长开辟机遇

光是接近商汤还不够，陪嫁媵臣和社稷之臣之间还隔着十万八千里，但伊尹早有策略，他深知要想抓住国君的心，首先就要抓住他的胃。于是他背上自己的大鼎，径直来到了商汤的面前，倾尽毕生厨艺，为商汤烹制了一道羹汤盛宴，并佐以治国良策作为小菜，借滋味论王道，听得商汤眼睛发直，大鼎见底了还意犹未尽。看着商汤崇拜的眼神，伊尹微微一笑，知道这把稳了。

秘诀三：成功不能光靠嘴皮子，还得有真本事

眼看聘书就要到手，心机的伊尹却玩起了欲擒故纵，四次拒绝了商汤的聘迎。终于，商汤再也坐不住了，决定亲自驱车相迎，并当场将国政交付给伊尹，而伊尹也没有让他失望。在之后的岁月里，伊尹不仅向商汤传授了一系列治国之道，为他制定了切实可行的灭夏战略，还在商汤去世后，继续辅佐了包括外丙、仲任、太甲、沃丁在内的四任商王，为商朝的六百年基业打下了坚实的基础，堪称商朝的肱股之臣。

商汤宣布将自焚祭天

郊外桑林传来一则重磅消息：据王室内部人员证实，本朝第一位君主商汤已决定将于不久后，用自焚祭天的方式，为万民求雨。

据悉，自鸣条一战，商汤灭夏后，国内便爆发了严重的旱灾，整整五年，全国各地滴雨未落，禾苗枯萎，土地皲裂，人民受灾严重，已经到了食不果腹的境地。对此，祭祀领域的权威专家表示，要想终结这场大旱，唯有一种办法，那便是挑选“人牲”祭天祈福，只有这样，上天才有可能原谅这片土地上的人民，降下雨水。但商汤却认为：“万方有罪，即当朕身；朕身有罪，无及万方。”臣民是无辜的，就算要献祭，也应该献祭他这个君王，不该累及臣民。

经过慎重思考，最终，商汤还是作出了自焚祭天的决定。

此消息一出，立即在民间引起了轩然大波。有人说，或许还有其他办法，可以解决干旱问题，没必要采用这种残酷过激的方式；也有人评论，就算商汤自焚能解决大旱问题，但失去一位仁德君王，对于黎民百姓来说，又何尝不是一场灾难？

尽管民众极力谏阻，依旧没能影响商汤自我牺牲的决心。祭天的那一日，他平静地剪去了头发和指甲，孤身登上了堆满木柴的祭台。就在所有人绝望之际，神奇的事情发生了，天空忽然阴云密布，紧接着竟降下甘霖，浇灭了即将焚烧商汤的熊熊火焰。见此场景，臣民们纷纷伏地感激上苍。商汤大难不死，旱灾问题也得以顺利解决，大家悬着的心终于可以放下了。

别飘！天下共主也会被关小黑屋

和关龙逄一样，在度过了漫长的辅政岁月后，贤相伊尹也遭遇了他人生中的那个“熊孩子”——商朝的第四任君王，商汤的嫡长孙太甲。但伊尹可不惯着这位年轻的商王，在屡次规劝无果后，他果断地将太甲赶到了商汤坟墓的所在地桐宫，让他去为自己的祖父守墓，反思自己的过错。

任性惯了的太甲哪里见过这种操作？起初他还愤愤不平，但意识到伊尹这回是来真的以后，也只好消停下来。守墓的时光既寂寞又煎熬，从守墓人口中，太甲得知了祖父的光辉事迹，也明白了商朝基业的来之不易，他重新找出了当日伊尹为了规劝自己写下的那些文章，读着读着便泪流满面。

太甲被放逐三年后，伊尹估摸着他已经反省得差不多了，便率领文武群臣将他重新迎回了都城，正式还政于他，这便是著名的“伊尹放太甲”事件。

房地产行业恐变天？

盘庚发话：迁都只是时间问题

众所周知，都城是一个国家的心脏。然而长久以来，商王朝的都城位置却在不断发生变化——从契到汤，历经十四代，共迁都八次；从汤到盘庚，历经二十代，又迁都五次。搬家似乎成了商王室的家常便饭，但举国搬迁哪里是那么容易的事？从宫殿营造到封地划分，每次迁都过后，等待处理的事都有一箩筐。这不，刚继位不久的盘庚又要迁都了，这次他的目标是黄河以北的殷地，让我们来听听，对此大家都怎么说——

亳地平民：

我就想不通了，我们这个王朝为什么不是在迁都，就是在迁都的路上？大家安安生生在一个地方定居不好吗？我们亳地本来就是先王商汤选定的王都，结果因为迁都，整个家族痛失都城户口，好不容易绕了一大圈，又把都城迁回来了，现在又要搬。你们说殷地有什么好的？放着现成的宫殿不住，要搬到那么穷的破地方，一切都从头开始，大王这是图什么啊？

商朝贵族：

你们这些平民还好，受到的影响不是很大，小门小户的，大不了留在亳地继续生活。可我们这些贵族就不一样了，我们好不容易拖家带口地随大王从奄地搬来，刚置办好房产地产，这回又要再搬！跟着大王走吧，这些财富就都要抛下；可不跟着大王走，那就无异于谋反，别说贵族身份保不住，可能连小命都会丢掉，当真是进退两难。我可不想再折腾了！这回我坚决反对迁都！

殷地原住民：

你们这是地域歧视，我们殷地怎么就不能当国都了？但凡来到殷地的人都知道，我们这里地势平坦，土壤肥沃，远离叛乱，最适合耕作生活。再说了，经过那么多年的王室内斗，亳地的宫殿都残破成什么样了，你们还赖着不愿意搬。照我说，不如挑一块好地方，重新修一座又大又宽敞的宫殿，长久住下，以后再也不搬了！

商朝大臣：

还是让老夫来解释一下，为什么这么多年来，我们一直在迁都。这主要是因为我们生活的区域靠近黄河下游，黄河虽然是我们的母亲河，但每隔几年就会发生洪涝灾害，再加上王室并没有一个确定的继承制度，每当上一任君主去世时，如果是他的儿子来继位，他的弟弟可能就要不高兴了，集结势力对着侄子喊打喊杀；相反，如果传给弟弟，君主的儿子又不干了，也要闹事。再加上上一位君主往往不止有一个弟弟，一个儿子，每到王位更替的时候，朝堂上都会乱成一锅粥。

为了躲避这些天灾人祸，最迅捷的方式便是换个根据地"删号重开"，所以才会多次迁都，说到底还是为了大家能过上平静的生活嘛。

商王盘庚：

你们不用再吵了，这个都迁定了，寡人说的！谁想从中作梗寡人就灭了谁！别以为寡人不知道你们这些贵族是怎么想的，你们就是想煽动民众，保全自己的私利，完全不为王朝的长远发展着想。想当年，你们的祖先都是跟随汤先祖一起平定天下，奠定商朝的忠勇之士，怎么到了后人这里，反而不听从我这个商汤后人的命令了呢？

大家可以放心，等到了殷地，寡人会好好规划，继承汤先祖的法度和遗志，建立起一个稳定、兴盛，能让所有人安居乐业的都城。

讣告 沉痛悼念妇好将军

商王朝杰出的政治家、军事家、大祭司，深受民众敬爱的王后妇好，日前在殷都王宫内猝然离世，令人悲痛万分。

妇好不仅是商王武丁的第三任妻子，更是一位为国家南征北战、开疆拓土的巾帼将军，她曾多次奉命征伐土方、巴方等方国部落，为商王朝立下了赫赫战功。在攻打羌方一战中，她亲率一万三千人的大军，连战连捷，俘虏了大批羌人，这也是武丁在位期间最大规模的作战。“国之大事，在祀与戎。”除了擅长领兵作战外，妇好还经常为商王朝主持各种祭祀活动，并积极参与政务，会见耆老，体察民情，为武丁排忧解难，是一位名副其实的巾帼英雄。

为了纪念妇好为商王朝做出的杰出贡献，寄托哀思，商王武丁宣布，将在殷都为妇好修建一座规模庞大的陵墓，并准备上千件精美的武器、玉器等，与妇好一同下葬，并在墓上设置享堂，供子孙后人凭吊。

特此沉痛讣告！

殷商王室治丧委员会

朝堂之上惊现奇观

专家：自然现象，不必过分担忧

近日，商王武丁在祭祀成汤先祖时，现场突现的奇异景象引起了广泛讨论。据目击者描述，当时武丁神情恭敬，礼数周全地率领文武百官，在大鼎前进行祭祀，眼看祭祀已经进入尾声，却不知从何处飞来一只五彩斑斓的雉鸡，不偏不倚地落在了鼎耳上，久久不离去。王朝建立以来，一直有着崇敬鬼神的传统，所以此事一出，当即人心震动，还有不少人讨论起了太戊时期发生过的相似事件。

当年，太戊帝刚刚即位，某天朝堂上忽然一夜之间长出了一棵怪树，怪树看起来像是桑树和楮树的杂交品种，树干相当粗壮。后来，太戊帝听取了国相伊陟的建议，勤修国政，怪树这才慢慢枯死，可见这种异象，往往是上天对君王降下的指示。

对此，武丁询问了在这方面有深入研究的专家祖己，祖己则表示：“大王不必过分担心，上天是不会无缘无故降下惩罚的。只要您勤修德政，爱护百姓，便不会违抗天命，惹来灾祸，千万不要去搞什么稀奇古怪的邪门仪式，那样反而会适得其反。”

武丁听后觉得十分有道理，于是更加努力地造福人民，人民都十分爱戴他，国家也愈发强盛了。

史上首位被雷劈死的君王

武丁去世后，商王朝也和夏王朝一样，肉眼可见地走起了下坡路，接下来的几位君王不是早早去世，就是荒淫懒散，不理政事。

帝位传到了第二十七位君王武乙这里，更是公然挑衅上天，他让人用木头制成一个人偶，将其唤作天神，并找人做裁判，和“天神”玩起了赌博，如果天神赌输了，他就让人“杀掉”天神。除此之外，他还让人在皮袋里盛满鲜血，再仰头用箭射破这只血袋，来收到“弑神”的效果，他将这个荒唐的游戏取名“射天”，足见他的傲慢无道。

武乙的这种行为，在敬畏鬼神的商朝，简直是不可原谅的。果然没过多久，上天就降下了“天谴”。这天武乙在河渭之间，天上刚好落下一个炸雷，不偏不倚，正好劈在了他身上，这位不可一世的暴君就这么被劈死了，这种离奇的死法实在是令人唏嘘。

武乙死后，走向衰败的商王朝能重新迎来曙光吗？让我们拭目以待。

帝辛打造象牙筷子惹争议

作为殷商王朝知名“潜力股”，帝辛自即位以来，就被寄予了很高的期望。就在所有人都以为，帝辛能带领商王朝重新走向辉煌的时候，帝辛叔父箕子的一番发言，却让帝辛的完美人设崩了个稀碎。

事情的起因是某日箕子忽然发现，帝辛用起了由象牙制作的筷子，从这天起，他的心中就产生了深深的恐惧和忧虑。或许有人会说：“帝辛身为天下共主，打造一双象牙筷子又怎么了？又不是用不起，箕子未免过于大惊小怪了。”但箕子却表示，此事并没那么简单。

“你们仔细想一想，他既然打造了这样名贵的象牙筷子，会甘心把它放在不起眼的土碗上吗？他必然会为了搭配这双筷子，命人用犀牛角和玉去做杯盘。他都用起象牙做的筷子和玉做的杯盘了，自然不可能再去吃那些粗茶淡饭，那么他定然也会命庖厨为自己烹制山珍海味，而这些东西也显然不适合穿着粗布衣服，坐在茅屋里吃。唉！我已经看见我们的王身着锦衣九重，住在广室高台间的奢靡景象了，到那时，商朝也离灭亡不远了！”

果然，没过多久，帝辛的本性就暴露无遗。为了供养自己的奢靡生活，他竟以酒为池，以肉为林，在民间搜罗美女，横征暴敛，在宫中豢养野兽，昼夜嬉戏。如此行径，实在是令人大跌眼镜，也难怪那么多人都“脱粉”，追随西伯侯姬昌去了！

第三期
公元前 770 年 12 月 31 日
(本期第 1 版)

▼本期焦点

西伯侯无故被囚，背后究竟有何隐情

在纣王帝辛的昏庸统治下，本就摇摇欲坠的商王朝陷入了空前的震荡，就连对商朝忠心耿耿的老臣们，也陆续成为纣王暴政的牺牲品。

回顾这些年纣王的所作所为，实在是令人触目惊心。西伯侯、鄂侯、九侯并称商朝的“三公”，德高望重，纣王本应该十分尊敬他们。可他却仅仅因为不喜欢九侯献进宫的女儿，就将他们父女处以醢刑。鄂侯苦苦为九侯求情，想不到非但没能唤醒纣王的良知，还把自己搭了进去，也被处以脯刑。在这种情况下，“三公”中仅剩的西伯侯姬昌，自然也很难幸免。

没过多久，朝歌城中就传来了姬昌被纣王无故囚禁的噩耗，是谁陷害了姬昌？他又是怎样从纣王的眼皮子底下脱困的？

接下来，就让我们回到事发当时，一同探寻这场惊心动魄的归家之旅。

紧急通知

全国范围内征集珍奇骏马，
品种外形越特别越好，
有重要用途，
救人如救火，懂的都懂！

西伯侯的艰难归家路

在得知西伯侯姬昌已经顺利返回西岐的消息后，本报记者迅速赶往现场，想要一探究竟。但遗憾的是，由于西伯侯刚刚经历了漫长的囚禁生活，身体还十分虚弱，无法露面，因此只能由他的儿子姬发代为接受我们的采访。

姬发告诉我们，西伯侯之所以招来这样的无妄之灾，都是因为遭到了小人的陷害。

“我父亲平时奉行仁德，尊老爱幼，礼贤下士，再加上我们周国自始祖后稷起，便一心发展农业，教导百姓耕种稼穑，因此西岐的百姓自然吃得饱穿得暖，生活得快乐富足。那些长期苦于帝辛暴政的百姓和贤士，也都更愿意搬到西岐来居住。可我父亲没有想到，自己的善心之举竟会引来别有用心之人的嫉恨，也为自己招致了灾祸。”

谮害西伯侯的不是别人，正是崇国的国君崇侯虎，他不知道从哪里听说了西伯侯为九侯、鄂侯叹息的消息，便借题发挥，向纣王告密，说西伯侯累善积德，引得诸侯纷纷亲附于他，明显就是要对纣王不利，纣王一怒之下，便将西伯侯召来，将他囚禁于羑里。

“我们听到这个消息后，心急如焚，但以我们的实力，还远不是纣王的对手，而且父亲还被他扣下做了人质，可谓是处处受制于人，幸好这时，父亲的好友闳夭想出了一个好主意。”

闳夭听说，纣王平生最爱的便是骏马和美人，于是他搜罗了骊戎和有熊之地的极品宝马，连同有莘国美女一同献给纣王，一下就精准地击中了纣王的心。之后，纣王不光释放了西伯侯，还赐给他弓矢斧钺，赐予他征伐之权。

“为了取得帝辛的信任，父亲献出了洛西之地，帝辛十分高兴，问父亲想要什么，父亲却只是请求他废除炮烙之刑。”炮烙之刑是纣王发明的一种酷刑，他先命宫人用炭将铜柱烧得滚烫，再让人行走在铜柱之上，人被烫得步态不稳，便会坠落炭火身亡。

回想起父亲被囚时的种种遭遇，姬发愤怒地说：“这样昏庸残暴、忠奸不分的人，还有什么资格做天下共主？”但当我们问及他是否要当即带兵，打入朝歌，向纣王复仇时，他却冷静地表示，“时机尚未成熟，还需静待天命。”

本报记者 百晓生

一个朝歌小兵眼中的牧野之战

编者按 公元前1046年，周武王姬发联军在牧野向商朝军队发起了最后的决战，这场大战不仅催生了一个崭新的伟大王朝，也直接改变了无数人的命运。接下来，就让我们跟随朝歌城中一名小兵的视角，来回顾一下这场战事的全过程。

我是朝歌城中一名普通的小兵。

和军中大部分人一样，我也不是自愿入伍的，如果可以，我更想做一个农民，每天日出而作，日落而息，而不是时刻把脑袋挂在裤腰带上。不过和那些随大王出征平定东夷叛乱的士兵相比，我的运气还算是好的，听说那一战过后，虽然王师取得了胜利，但很多弟兄都没有回来。

凯旋回朝后，大王和后宫的美人们又过起了奢靡的生活，而支撑那些玉楼高台的，是愈发残酷的横征暴敛和压在老百姓肩上的沉重劳役。国内天灾频频，像是某种可怕的征兆，宫城内不断传来忠臣被杀的消息，每个人都活在深深的恐惧中。

前段时间军中有人传言，已故西伯侯姬昌的儿子姬发，在黄河南岸的孟津举行了大规模的观兵仪式，还自称“太子发”，八百诸侯闻讯赶来参加会盟。消息越传越真，但我们却不是很相信，如果确有其事，为什么周国没有直接打过来呢？发生这么大的事，朝歌这边却完全没有反应，想想也不太可能。

就这样又过了一年。

这一年里，箕子和比干两位王叔一位被囚禁，一位被剖心而死，太师疵和少师彊绝望之下，竟抱着宗庙重器逃到了周国，大家纷纷开始讨论，大商是不是真的要完了？

果然，没过多久，前方就传来紧急军情，周国的大军浩浩荡荡地向着朝歌挺进了。

听说他们有兵车三百乘，虎贲军三千人，甲士四万多人，虽然是远道而来，但是气势汹汹，一路上又加入了许多诸侯联军，势不可当。反观我们这些朝歌城中的士兵，虽然人数众多，斗志却早都散了。

不知道商朝大军是从哪一瞬间开始倒戈的，但当我反应过来的时候，商朝的军队已经全盘崩溃，所有人慌不择路地向着相反的方向奔逃，有些人甚至直接加入了周国的盟军，向着朝歌发起了冲锋。

等到战争结束，周武王率众入城，想要擒拿纣王的时候，鹿台上却早已燃起了熊熊大火——纣王带着他的那些华服珍宝一起自焚了。所有人欢呼起来，周武王对着纣王的尸体射了三箭，又用黄钺斩去了他的头颅，悬挂在大旗之下。

不久后，周朝建立，新王当众宣布，将偃武修文，马放南山。

脱下身上的铠甲，拿起农具，我知道，崭新的生活要开始了。

以上内容来自一名朝歌小兵的口述

周公：姬旦简历公示

姬旦，男，西岐人氏（今陕西岐山），周文王第四子，周武王之弟，周朝开国元勋，曾担任周朝辅相、武王伐纣统筹部部长、摄政大臣、“成王君主速成班”班主任等职位，是东都洛邑的营造者，同时也是宗法制度和礼乐制度的主要制定者。

在职期间，姬旦曾多次举兵东征，为周王室平定叛乱，维护了国家的长治久安。周武王去世后，由太子姬诵继承王位，是为周成王，因成王年幼，天下不稳，只得由周公姬旦辅政当国、摄管政事。武王的另外两个弟弟管叔和蔡叔对此心怀不满，对外大肆散播姬旦想要篡位的流言，同时联合纣王之子武庚一同发动叛乱，企图阴谋夺位，最终被姬旦率军一举平定，武庚、管叔被诛杀，蔡叔也被流放。

姬旦曾多次荣获“感动大周年度人物”称号，他重视亲情，待人真诚，礼贤下士。武王重病期间，姬旦曾多次祓斋占卜，甘愿以身代武王，以命换命，祈祷武王病情好转。武王去世后，他又掏心掏肺地辅助侄子成王，并在摄政七年后，主动交还政权，北面为臣，可谓功成身退。对待贤士，姬旦同样报以真心，“一沐三捉发，一饭三吐哺”是他求贤心切的真实写照。听命于周公，为周王室效忠，也成为诸侯们的共识。

在教育上，姬旦同样有自己的一套心得。作为“成王养成计划”的主要负责人，代行国政期间，他也从没有忽视对侄子姬诵的教育和培养。成王即位时，年仅十三岁，稚气未脱，一次，和弟弟叔虞玩耍的时候，成王拿着一片桐叶假装玉圭，送给叔虞，说：“我把这个封给你！”周公得知此事后，便来询问分封事宜，成王却笑着说：“我在和小弟弟开玩笑呢！”周公板着脸，严肃地告诉成王：“天子无戏言，您说的话，都会被史书认真地记录下来，被大臣和世人铭记在心，并且流传后世，怎么能不谨慎呢？”成王只好遵守诺言，将唐地封给叔虞。除此之外，周公还多次告诫成王，要了解稼穑之艰难，不能像纣王那样贪图安逸享乐，自取灭亡，在这样的悉心教导下，才有了后来的“成康之治”。

周公虽然一生都没有坐上王位，但他对国家的贡献绝不逊色于古往今来的任何一位君王，因此在他去世后，成王也不敢以臣礼将他下葬，而是将他葬在了文王墓中，以纪念他的功勋。

三项举措事关每家每户

周朝灭商以来，以周公为首的执政者深刻反思了商朝灭亡的教训，决心以史为鉴，制定出一套更加完善的社会制度，来减少无谓的争端，维护王朝的稳定。然而新制度的各种细则过于烦琐，为此，本期《历史简报》专门设置了“快问快答”版块，收集了一些大家最关心的问题，一一针对性作答。

问题一：为什么要实行嫡长子继承制？

嫡长子继承制是宗法制度的一项重要举措，在一夫多妻的社会，它规定了王（爵）位和财产都必须由嫡妻所生的长子来继承，除了嫡长子外，其他儿子不管多么有本领，都没有王（爵）位继承权，正所谓“立嫡以长不以贤，立子以贵不以长”。

有的读者朋友可能会抱怨，我家就是小儿子更有才，大儿子蠢笨如猪，你这么搞不是把我的家族往火坑里推嘛！

这种想法固然是有道理的，但嫡长子继承制已经是本朝根据夏、商两朝的血泪经验，总结出来的最优办法了！遥想商朝刚建立的时候，推行的是兄终弟及制度，后来又改成父死子继制度。一个王有那么多的弟弟和儿子，每个人都觉得自己是最有才能、最有资格继承王位的，每天打来打去，都城都打废了好几个，人民日日不得安宁。倒不如指定一个唯一的合法继承人，可能不是最合格的，但他稳定呀。大臣和贵族们一心辅佐这个唯一的继承人，只要这个嫡长子没有过分荒唐，做个守成之君还是没问题的。

问题二：哪些人有资格获得封地？

在过去的一年，“封地”毫无意外地成为年度热门词汇，拥有了封地，不仅意味着吃穿不愁，还意味着拥有了收税、置宅、征兵等权力，可以过上舒适安逸的贵族生活。那么在周朝，要怎样才能获得一块封地呢？

首先，普天之下莫非王土，名义上，天下的所有土地都归属于周天子，分封的时候，也都是以周天子的名义来“授土”“授民”，颁布诰命。而诸侯们既然接受了周天子的封赏，即便在自己的封国内多么耀武扬威，也要定期向天子朝觐、纳贡。

如果您想查询自家有没有可能获得封地，

那您首先需要确认一下自己的身份。如果您也姓姬，和武王还是近亲，那不用说，最富饶的封地准保有您一份；如果血缘攀不上关系，那您也可以靠祖宗的辛勤努力获得一块封地，譬如姜太公他老人家，就是因为在伐纣建周的过程中立下了汗马功劳，被分封在齐地，成为齐国的始祖。

要是您前两点都不符合，这里再给您透露个特殊途径——如果您是前朝帝王的后人，也可以到相关部门领取一块封地。微子启是商纣王的兄长，他的后人就封到了一块相当不错的封地，在那里建立了宋国，帝舜的后裔妫满一族则被封在了陈国。

问题三：我在家好好听着音乐，忽然一群人冲进来要抓我，怎么回事？

如果出现上述这种情况，那您可能是违反了最新颁布的礼乐制度。为了国家能有序地运转，用礼乐教化世人，周公总结前代经验，创立了礼乐制度，对不同阶级的人能享受到的礼乐进行了严格的划分。

周朝将统治阶级分为“天子、诸侯、卿大夫、士”四级，将被这些人统治的群体又分成了平民和奴隶。天子作为天下共主，当然有资格享有最高级的礼乐，可以观赏八八六十四个人一起跳舞，诸侯就要降下一等，只能看三十六人舞，到了士那一层，就只能看四人舞了。提问的这位读者可以反思一下，自己是不是一时高兴，在排场上僭越了？这对周王朝来说可是“是可忍孰不可忍”的！

悲报！周天子在凯旋途中溺水身亡

据报道，周昭王姬瑕率王师南征荆楚，大获全胜，却于回师渡过汉水时，发生意外，不幸溺水身亡。姬瑕是周朝的第四位君主，周武王的曾孙，也是“成康之治”的接班人，在位期间，他曾多次发兵东夷，征伐荆楚，想要进一步强化周朝对周边国家的控制，也取得了一定的成效。正当所有人都以为他会进一步施展抱负的时候，却发生了这样的惨剧，让人不由得好奇，姬瑕溺水的真相究竟是什么。

据军中幸存者透露，天子溺水的前一天，不少人都看到夜空中出现了一道五色辉光，横贯紫微星，呈现出一种不寻常的天象。当日船行至汉水中央时，更是狂风大作，阴云骤起，掀起滔天巨浪，船上又装载了大量青铜战利品，根本没有办法控制船的方向，王师这才全军覆灭。

也有人说，荆楚之地怪兽横行，云梦泽中有许多犀牛，汉水中也到处都是凶残的鳄鱼，说不定是军队凯旋的声势太大，惊扰了水中的鳄鱼群，鳄鱼攻击船只，才导致悲剧的发生。

更有人大胆猜测，周天子的死恐怕并不是意外。自姬瑕即位以来，这已经是第三次攻打荆楚了，当地的原住民自然对他愤恨不已，很有可能是有人混入军中，对王师乘坐的船只动了手脚，也就是说，这是一场处心积虑的谋杀……

周穆王西游奇遇记

周昭王在南征途中意外丧命，照理说作为他的儿子，周穆王姬满应该对远行充满了恐惧，可从姬满这些年的行程看来，似乎并非如此。姬满虽然贵为天子，但酷爱游山玩水，是一位不折不扣的“驴友”，他的足迹东至徐国，南至荆蛮，西至犬戎，最远的一次甚至抵达了神秘的昆仑之丘！

根据周穆王描述，在距离洛阳三千四百多里的昆仑山中，有一个古老的西王母国，那里的主人被称为西王母。当时，周穆王乘坐着由八匹骏马所驾的宝车，途经渗泽、阳纡山、春山……沿路打猎赏景好不痛快。

在路过昆仑山时，西王母设盛宴款待了他，双方相谈甚欢，周穆王将随车携带的一些绢帛和中原特产赠送给西王母，西王母则邀请他在国内尽情游玩，享受美酒和美景。一路上，他途经了盛产美女的赤乌国、玉石遍地的群玉国，遇到了会制作仿真人偶的偃师……欲知此次西游的精彩详情，欢迎购买由姬满担任旅行顾问的出游指南《穆天子传》。

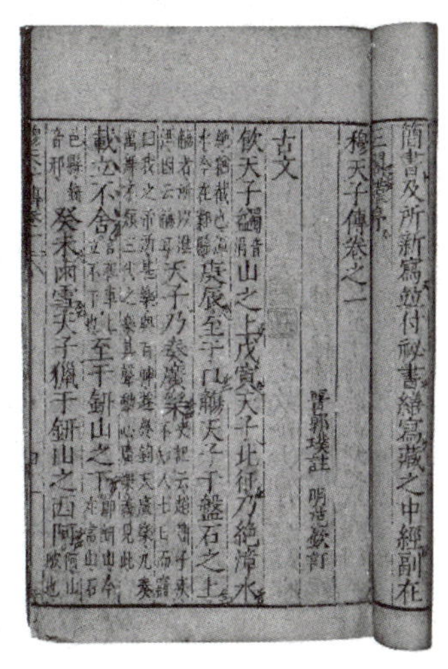
簡書及所新寫並付秘書繕寫藏之中經副在
穆天子傳卷之一
晉郭璞註 明范欽訂
古文
飲天子蠲山之上戊寅天子北征乃絕漳水
庚辰至于□觴天子于盤石之上
天子乃奏廣樂
載立不舍至于鈃山之下
癸未雨雪天子獵于鈃山之西阿

渭水旁兴起新型养生方式

伯伯们扎堆钓鱼为哪般

近日，不少人发现，渭水旁忽然出现了一群头戴斗笠、肩扛鱼竿的钓鱼伯伯。这些伯伯中岁数最长的已经年逾古稀，年轻一点的也有六十多岁，却个个精神矍铄，不管是刮风下雨，还是烈日当头，都阻挡不了他们垂钓的热情。上前一看，还有更稀罕的呢，这群伯伯鱼竿前垂挂着的鱼钩，竟都是笔直的，这又是因为什么呢？

记者上前一询问才知道，原来伯伯们聚集之处，并不是普通的河岸，而是大名鼎鼎的姜太公“钓鱼台”。在太公姜尚的影响下，附近许多老年人都爱上了钓鱼这项休闲运动，他们还纷纷模仿姜尚，将鱼钩掰直，像模像样地摆起了造型，渭水之滨也成了垂钓的热门景点。

“想当年我天天和老姜头一起钓鱼，每回钓得都比他多，我还沾沾自喜来着，谁能想到这老家伙钓的不是鱼，而是王侯啊！难怪他总念叨什么‘宁在直中取，不向曲中求’。”一位老人家动情地回忆道。

对于这些白发苍苍的伯伯来说，直钩能钓到什么，已不再重要，他们追求的是一种老有所为、老有所乐的人生态度。伯伯们常说，姜尚都七十多岁了，还能辅佐文王、武王做出一番事业来，可见只要有心，肯等待，实现理想什么时候都不晚。

都城百姓流行用“眼语”交流？

民众：说多了全是泪

周厉王在位期间，镐京百姓之间流行起了一种神秘暗号——“眼语”，具体表现为有话不直说，只用眼神传递情绪，目光之中总是隐含着愤怒与嘲讽。据悉，百姓之所以自创了这种奇特的“眼语”，完全是出于无奈。

周厉王姬胡即位以来，暴虐侈傲，宠信奸臣荣夷公，垄断山泽物产，大肆搜刮民财，供自己挥霍，惹得老百姓骂声不断。大夫芮良夫和召公好言相劝，可姬胡却堵起自己的耳朵，认为只要听不到那些声音，民怨就会消失。不仅如此，他还派出卫巫，密切监视老百姓的一言一行，但凡听到一点不满，就将议论他的人杀掉。这样一来，国人们果然都将嘴巴闭紧了，唯恐惹来杀身之祸。

但百姓心中的怒气却不会随之消失。姬胡越是控制言论，大家就越是生气，走在道路上，都会飞快地交换眼神，传递“今天你在心里痛骂姬胡了吗”的眼神密码，时间长了，一团怨气盘旋在镐京上空，久久不散，最终于公元前841年，酿成了一场轰轰烈烈的“国人暴动”。国人们集结起来，不仅要骂，还打进了宫里。周厉王这回想捂老百姓的嘴也办不到了，只能带着一群亲信狼狈地逃往彘地，没过多久就病死了。

第四期
公元前650年12月31日
（本期第1版）

▼本期焦点

周室衰微，究竟是谁的责任

公元前774年，周幽王姬宫涅为博宠妃褒姒欢心，废黜了申王后和太子姬宜臼，改立褒姒的儿子姬伯服为太子，弗论“烽火戏诸侯”的闹剧是否确有其事，但周幽王的荒唐行为确实惹火了自己的暴脾气老丈人——申侯。

可申侯作为一方诸侯，没法凭一己之力推翻古老的周王室，于是他四处寻找外援，最终于公元前771年，联合东方的缯国和西夷犬戎一同杀进镐京，追杀姬宫涅至骊山脚下，杀死了西周的最后一位天子。不久后，太子姬宜臼即位。

次年，姬宜臼在郑国、晋国、秦国的护卫下，逃离了残破的镐京，东迁至成周，东周时代拉开了帷幕。

然而，等姬宜臼好不容易喘了口气，打算接着安安稳稳做天子的时候，却发现情况不对，自己地盘变小了不说，怎么原本听命于周王室的诸侯们，都纷纷开始摆烂了？什么？郑国居然还要寡人送储君去他们那里做人质？

姬宜臼急了，他们这是要造反不成？难道礼崩乐坏的时代真的要到来了吗？

欲知详情，请翻阅本期第2版

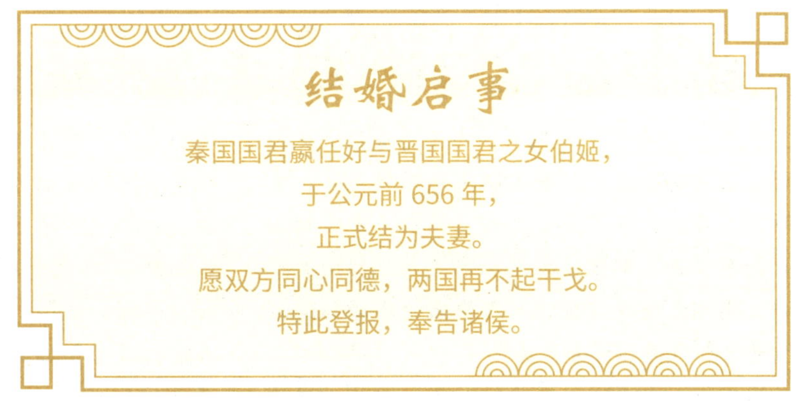

围观“周郑交质”现场

周天子的面子往哪儿搁

近日，在周王室和郑国之间发生了一件举世瞩目的大事，事情的起因还要从天子东迁说起。

众所周知，迁都是一件大事，尤其是在这种外有强戎、内有战祸的时候，谁能护卫周天子从破败的镐京迁到新都成周，那可谓是头一号功臣，同姓姬的郑国当仁不让地揽下了这桩差事，为此出兵出资，劳心劳力。

可天子抱紧了这条大腿后，却又渐渐产生了一种强烈的危机感，为了摆脱郑国在朝堂上一家独大的局面，他开始暗戳戳地向另一个诸侯国虢国示好，想不到这事没过多久，就被郑侯（郑庄公）抓了包，那场面真是要多尴尬有多尴尬。

面对郑侯咄咄逼人的质问，天子非常不负责任地当场推开虢公，大喊：“我不是，我没有！”企图挽回郑侯的忠心，可郑侯也不是那么好哄的，当场开出条件，想要和好可以，但你得把储君送到郑国来做人质。

周天子一听，恨得牙都要咬碎了，这是何等的屈辱，这让天下人今后怎么看自己？怎奈身处他人羽翼下，就连天子也不得不低头，最终太子姬狐还是被送去郑国做了人质，而郑国也送了郑侯的儿子公子忽去周王室作为人质。

二者看起来像是扯平了，可各国诸侯都看得明明白白，都让郑国欺负成这样了，看来这个“天下共主”早已成了一副空架子，名存实亡喽！

本报记者 包打听

从交质到交恶？几亩麦子引发的政治危机

公元前720年秋，郑国军队在王都成周公然强抢周王宗室的谷物，引发王都民众强烈不满。更有明眼人指出，眼下强大的郑国根本不需要到成周来抢夺谷物，郑国此举是在明晃晃地打周天子的脸，周郑之间通过交换人质换来的表面和睦，眼看着也要维持不下去了。

据相关人士透露，这已经不是郑国第一次违规割麦了，早在同年四月，郑国大将祭足就曾率领军队强行收割苏国温邑的麦子，但苏国国小民弱，此事便不了了之了。为了挽回颜面，刚刚即位的新任周天子决定御驾亲征，亲率王师和陈国、蔡国、虢国、卫国四国联军讨伐郑国，但周王室的实力早已大不如前，此战谁胜谁负还真不好说。

管仲：扒一扒霸主背后的男人

编者按

公元前651年，齐侯（齐桓公）与各国诸侯在葵丘之地会盟，声势浩大，就连名义上的天下共主周襄王也派去使者，赐予齐侯文武胙、彤弓矢和华丽的马车，以作庆贺。虽然明面上打的还是“尊王攘夷”的王道旗号，可显然各诸侯国已经对齐侯马首是瞻，春秋时代的第一位霸主就这样诞生了。

齐桓公之所以能称霸中原，不得不提他背后的“智囊”——管仲。今天本报有幸邀请到了管仲，就让我们和这位名相一起，回顾他襄助齐侯（齐桓公）称霸的那些年。

小编： 管仲您好，感谢您百忙之中接受我们的采访！我们都听说过您辅佐齐侯、匡扶天下的佳话，请问您是一开始就锁定了齐侯这位潜力BOSS了吗？

管仲： 并非如此，老实说，我一开始不仅没打算辅佐他，还和他处成了针锋相对的关系。当时他还叫公子小白，我辅佐的是他的哥哥公子纠，跟随他的是我的好友鲍叔牙，为了争夺王位，我们斗得你死我活，我曾经一箭射中他的衣带钩，差点要了他的命，他也因此对我怀恨在心，几次想杀我泄恨。

小编： 你们之间的经历还真是传奇。不过既然你和鲍叔牙是至交好友，为什么不去辅佐同一个人呢，这样站在对立面，不管谁赢了，你们的关系不是都会搞得很僵？

管仲： 这你就不懂了，所谓一山不容二虎，一位老板身边怎么能有两个顶级高管？我和鲍叔牙虽然关系好，但我们更倾向于这种竞争关系，以实力一决高下。只可惜我当时棋差一着，看到公子小白吐血了，就以为他中箭命不久矣，殊不知那是他和鲍叔牙一起设下的计策。他们蒙骗了我，趁机夺取了王位，我也成了鲍叔牙的手下败将。

小编： 既然如此，为什么后来反而是你做了齐国国相呢？

管仲： 这就要夸一夸我的铁哥们鲍叔牙了，从小到大他就没少帮助我，我被抓后也是他替我说话。他对齐侯说：“如果您只想治理好齐国，那么有我鲍叔牙和高傒就够了，但如果您想称霸天下，那么就非管仲不可。”有这样的知己，夫复何求啊？

小编： 您成为齐相后，是怎样一步步将齐侯推上霸主之位的？

管仲： 周王室衰微，诸侯并起，外夷入侵不断，只靠本国的武力强大，是无法征服各国诸侯的，反而会让自己成为众矢之的。因此我提出了“尊王攘夷，存亡续绝”的核心策略，建议齐侯以盟主的名义，率领各诸侯国组成联盟，替周天子抵御外敌，同时恢复那些灭亡的国家，让它们的宗嗣延续下去。这样不管是周天子还是诸侯，都会念齐国的好，名正才能言顺，把这杆王道大旗扛起来，齐侯就离称霸不远了！

楚国决定给自己封王的特别通知

各位读者：

你们好！我叫熊通，按照周朝规定的等级次序，我的爵位排在“公侯伯子男”的第四位，因此他们也称呼我“楚子”。我登报是要向全天下宣布一件大事，那就是从今天开始，我不做楚子了，我要做楚王！

可能你们会好奇，天底下有这么多诸侯国，每个人都安安生生地守着自己的爵位，为什么我楚国非要冒这个尖，做出称王这种僭越的事？在这里我要解释一下，可不是我们楚国先挑事，实在是周王室和中原那些国家欺人太甚，我们才不得不奋起反击！

我们楚国的祖先鬻熊，就是辅佐文王、武王伐纣的有功之臣，是实实在在为周朝定鼎流过血、出过力的。可谁能想到，打仗我们楚国冲在前面，等到分封的时候，却没有我们的事了，一直到了周成王时期，鬻熊的曾孙熊绎才被封到了偏远的南蛮之地，当上了小小的子爵。

这哪里是分封？分明就是流放好吗！可我的祖先们忍下来了，驾着最简陋的柴车，穿着破烂不堪的衣服，在这片杂草丛生、野兽横行的土地上开辟了最初的楚国。当时楚国的面积还很小，只有方圆五十里，连一头用来祭祀的牛都没有，可建国又不能不祭祀上天，祖先没有办法，只好到隔壁鄀国偷了一头牛，现在中原诸侯国还常常拿这件事来嘲笑我们，想想就憋屈。

可即便这样，我们楚国还是谨守礼节，每到需要朝见周天子的时候，都带上我们当地的特产桃木弓和棘枝箭，千里迢迢赶去上贡。可中原的那些诸侯却用鼻孔看人，不是嫌我们的特产简陋，就是嫌我们说的话听不懂，拒绝和我们一起会盟，还称呼我们为荆蛮，把我们赶出去和鲜卑一起看柴火堆。但因为当时楚国的实力不够强，我们只能继续忍。

这些年来，在周王室的胡乱折腾下，原本强大的周朝已经礼崩乐坏，原本对周天子忠心耿耿的诸侯们也纷纷暴露出真面目，越来越不把周天子放在眼里，整天你争我抢，动刀动枪，把中原搅得乱成一锅粥。与此同时，我们楚国却在努力自强，趁各国无暇南顾，悄悄扩张领土，把楚国打造成了兵强马壮的南方第一大国，所以现在我决定不再忍了！

我向周天子递交了尊封申请，要求周王室给予楚国应有的尊重，把楚国的地位提一提。可申请交上去，却迟迟没有批复，我这暴脾气又上来了，想着周天子是不是瞧不起我？如果谈判实在行不通，那我楚国也略通一些拳脚。派人一打听才知道，原来周天子是和郑国打架打输了，肩膀被射了一箭，正在养伤呢！

既然郑国都能骑到周天子头上了，那他批不批准我升迁也无所谓了，他不给我加尊号，我就自己加，既然要加，就加个大的。周天子不都自称周×王吗？从今以后，我们楚国的国君也跳过“公侯伯子男”，直接称王，从今天开始，我就是楚武王了！

楚武王熊通

公元前704年×月×日

楚人卞和发现稀世美玉

最近一段时间，不少居住在荆山地区的民众向本报反映，称他们从早到晚都能听见凄厉的哭声，似乎是从山脚下传来的。为了一探究竟，本报记者连夜赶往楚国，最终在荆山一处阴冷的山洞中，找到了哭声的来源。

哭泣者自称卞和，是一名残疾人，我们寻到他时，他已经在这里哭了整整三天三夜，眼泪都哭干了，脸上留下了两道触目惊心的血痕。在我们的再三请求下，卞和才用嘶哑的声音向我们讲述了他悲痛的缘由。

原来，卞和是一位鉴宝专家，这天他在上山砍柴的时候，偶然发现了一块其貌不扬的璞玉。他十分惊喜，便把这块玉献给了当时的楚王（楚厉王），可楚厉王找玉匠鉴定后，却认为这只是一块石头。楚厉王大怒，认为卞和是在耍自己，便下令砍掉了他的左脚。

可卞和是个认死理的人，他知道自己不会看错。于是在楚厉王去世后，他又把这块璞玉献给了楚武王，可结果还是一样，这回卞和又失去了他的右脚……

“您在这里痛哭不止，是因为失去了双脚吗？可天底下受过足刑的人那么多，为什么唯独您哭得这样绝望呢？”

面对我们的疑问，卞和哽咽道：“我不是在为失去双脚而悲伤，而是在为这种把美玉当作石头、把忠贞之士当成骗子的世道而悲伤！”

经过几番周转，我们终于见到了现任楚

王（楚文王）。听了卞和的话，楚王十分动容，专门将卞和请入宫中，又找来国内最顶尖的玉匠，对卞和手中的璞玉进行精加工，发现在石头粗糙的外表下，果然藏着一块光华璀璨的稀世美玉！

为了表彰卞和的执着和坚定，楚王决定将这块玉取名“和氏璧”，作为楚国的国宝收藏在王宫之中，世世代代流传下去。

本报记者 包打听

齐国主持北杏会盟

公元前681年，第一届由诸侯自发组织的公开会盟在北杏成功举行，齐、宋、陈、蔡、邾五国国君共同会见记者，针对五国未来的发展及合作问题，展开了深入交流。

此前，诸侯国之间也时常举行各种会盟，但不经过周天子，直接由诸侯牵线主持的会盟，这还是头一回。作为本次会盟的举办方，齐侯（齐桓公）表示，本次五国会盟并非不尊重周天子，恰恰相反，今天他们相聚在这里，正是为了解决一些纷争，替周天子排忧解难，将“尊王攘夷，存亡续绝”进行到底。

齐侯告诉我们，北杏会盟是主要议题，是借助五国的共同力量，来解决宋国长久以来的内乱问题。今后，五国也将以盟友国的关系，深化各领域合作，共同维护中原地区的和平与稳定。

卫国国君公开宣布脱粉

近日，卫国国君姬赤（卫懿公）当众宣布将解散“唯爱仙鹤粉丝后援会”，并驱逐宫中所有仙鹤，此话一出当即引爆了热搜。

要知道，一直以来，这位国君都是鹤的忠实粉丝，几乎到了“爱鹤成痴”的地步。在他眼中，鹤优雅、美丽、长寿，还象征着吉祥如意，是这世上最完美的动物。为了表达喜爱，他不仅给“偶像”住豪宅，让它们搭乘自己的豪车，每天喂给它们山珍海味，更荒唐的是，他甚至给这些鹤封官进爵，享受高额的俸禄，让人不由得感叹，在卫国真是“人不如鹤”。

在此情形下，卫国的一些“聪明人”敏锐地嗅到了“商机”，他们把养鹤当成升官发财的天梯，一时间举国掀起了养鹤狂潮。但也有一部分明智的官员向姬赤发出了警告，他们认为喜爱动物无可厚非，可姬赤作为一国之君，如此玩物丧志，荒废政事，就是他的不对了，而且养鹤的花费如此之高，到最后不还是民众来掏腰包？长此以往，卫国必将走向灭亡。

但姬赤却对这些忠直之言充耳不闻，直到狄人的军队打进来，他才清醒过来，连忙号召国民上阵杀敌，可平时被鹤踩在头顶的民众哪里肯再听他的话？他们纷纷嘲讽卫懿公：“你不是封那些鹤做了将军？让它们替你打仗去吧！”

卫懿公为了保命，这才发布了脱粉声明，不过据悉，北狄大军已经杀进了城内，一切似乎都来不及了。

秦国国君开价仅五张羊皮
-治国型人才身价创新低-

眼下诸侯征伐不断，各国朝局都不稳定，不少年轻士人都在抱怨“就业难、遇明主难、拿高薪更难”。

然而人才身价再低也要有个限度，据传，秦国国君近日仅用五张羊皮，就聘到了一位相当杰出的相国，这不免引起业内争议。许多人都抱怨秦国国君太吝啬，还有人指责那位名叫百里奚的相国不该这样内卷，扰乱市场。

为了求证此事，我们专门采访了秦国国君嬴任好（秦穆公），针对此事进行了询问。

嬴任好表示，当时之所以只开价五张羊皮，是因为百里奚彼时的身份只是楚国一个放牛的奴隶，秦国和楚国存在竞争关系，倘若自己开出高价，不免打草惊蛇，让楚王意识到百里奚的重要性，因此自己才没有和百里奚签订就业合同，只是签了一份奴隶买卖协议，附上五张黑羊皮，顺顺利利从楚王眼皮底下把人才挖走了。想必楚王反应过来以后，一定后悔得睡不着觉！至于百里奚今后的福利问题，大家尽可以放心，秦国是不会亏待自己的相国的。

齐国伐蔡，广而告之

自蔡侯之妹蔡姬与齐侯结为夫妻以来，双方一向关系和睦，琴瑟和鸣。日前，蔡姬与齐侯一同游湖，其间蔡姬突发少女心，与齐侯开起了小玩笑。她用力晃动小船，吓了齐侯一跳，夫妻二人发生了一点口角。齐侯一气之下，说了蔡姬两句，蔡姬羞愤地回了娘家。

这原本只是夫妻之间的小摩擦，齐侯也已经后悔，想着过两天就把夫人接回家，想不到却等来了蔡侯擅自将蔡姬二嫁的消息，这实在是奇耻大辱，蔡侯做出这种事，简直是不把齐国放在眼里。齐侯现已决定，集结诸侯联军，挥师踏平蔡国，有想参加的诸侯，请速速报名，本月发兵，过期不候。

齐楚之战简讯

简讯1

致齐国国君齐桓公：

听说你们的诸侯联军在攻打完蔡国之后，要来攻打我们楚国。蔡国与你们齐国有纠纷，可这和我们楚国有什么关系呢？齐国在北方，楚国在南方，两国风马牛不相及，可你们现在却来侵犯楚国，这是什么道理呢？

楚国使臣屈完

简讯2

楚国使臣屈完：

我们既然出兵了，当然是有充分理由的，至于理由是啥，容我想想……对了，包茅！我记得好像是有一年，你们楚国没有给周天子进贡滤酒用的包茅，直接导致周王室没有祭祀用的美酒，触怒了神明，这难道不是你们的罪过？还有，前些年周昭王南征，返程的时候船沉了，没能回来，这件事情也得问问你们！

齐国发言人管仲

简讯3

致齐国发言人管仲：

您自己听听您说的理由站得住脚吗？就算没及时进贡包茅这口黑锅我们背了，但周昭王船沉了这事都过去多少年了，也能赖到我们身上？算了，随便吧，都毁灭吧！

楚国使臣屈完

简讯4

致楚国使臣屈完：

我们的军事实力，想必你们也看到了吧？其实这场仗也不是非打不可，只要你们楚国愿意像这些诸侯国一样，给我们齐国当小弟……哦不，是和我们齐国成为友邦，我们自然可以化干戈为玉帛。但你们如果不答应，呵呵，别怪联军的刀枪无眼。

齐国国君齐桓公

简讯5

致齐国国君齐桓公：

如果您用仁德来安抚诸侯，谁敢不服？但您如果一定要以武力相威胁，那楚国也不会惧怕你们齐国。到时我们会把方城山当作抵御入侵的城墙，把汉水当成护城河，就算你们的兵力再多，恐怕也没有用，不信你们就试试！

楚国使臣屈完

齐鲁之战最新消息

公元前684年初，齐国悍然入侵鲁国，齐鲁之战就此展开。作为超级大国，齐国的军事实力远超鲁国，弱小的鲁国被打得连战连退，眼下已经后撤到长勺，然而齐军仍在不断向鲁军阵地发起进攻，鲁国处境危如累卵。这一仗该不该打？要怎么打？

为了了解本次大战的最新战况，我们专门请到了鲁国军事顾问曹刿，请他在现场为我们进行专业解说。

记者：您认为，鲁国还可以与齐国一战吗？

曹刿：当然可以，战争的胜败从来都不只取决于兵力的多少，古往今来以少胜多的战役也不在少数，而且在鲁侯（鲁庄公）身上，我看到了克敌制胜的关键。

记者：我听说鲁侯总是把自己的衣食分给身边的大臣，每次祭祀也都十分虔诚，是他的这些行为打动了您吧？

曹刿：不不不，这些都是不值一提的小细节。鲁侯曾对我说，他在处理大大小小的诉讼案件的时候，即便不能做到一一明察，也会用最严谨的态度去裁决。我知道，这样的国君即使到了战场上，也不会太糊涂。

记者：原来如此。快看！齐军击鼓进攻了，鲁军也要进军吗？

曹刿：不，还不行，需要等到齐军三次击鼓过后，鲁军才能发起进攻。

记者：这是为什么？

曹刿：因为作战最重要的不是人数，而是士气，第一次击鼓的时候，齐军士气最强，鲁军如果硬碰，肯定会失败。可是三次击鼓过后，齐军的士气就要耗尽了，这时鲁军再击鼓进军，就可以趁我方士气最旺盛的时候，一下子打败齐军。

记者：太机智了，这就是“一鼓作气”吧！齐军开始撤退了，要下令追击吗？

曹刿：等我下车看一看。

记者：？

曹刿：可以追击。方才我是怕齐军在战场上设有伏兵，要知道，齐国是精于作战的大国，军中不乏名将，在没有确定具体情况之前，是什么都有可能发生的。

记者：那是什么打消了您的疑虑呢？

曹刿：你瞧，齐军的车辙印已经混乱了，军旗都倒下了，这些是真正战败才会有的表现。这场战争，鲁国胜利了。

记者：感谢您的精彩解说，原来在风云变幻的战场上，战争策略可以从根本上影响战争的结果，只要掌握了正确的方法，弱国也可以战胜强国。

本报战地记者 溜得快

母亲太偏心弟弟怎么办

我的母亲太偏心弟弟了，虽然我也能理解父母一般都会更疼小儿子，但她这些年的所作所为实在令我寒心。

我出生于郑国，我的父亲是护送周天子有功的郑武公，都说豪门是非多，可我与弟弟叔段是一母同胞的亲兄弟，我不愿骨肉相残，所以即便这些年来遭受了数不清的不公正待遇，我也选择了忍耐，我想只要我敦厚孝顺，母亲总有一天也会发现我的好。

可是我错了，母亲的好恶没有因为我的努力发生丝毫的改变，在她的眼里，我的出生本身就是个错误。母亲生我的时候难产，险些丧命，在这过程中，她受到了很大的惊吓，所以即便我已经顺利降生，她依旧视我为仇人，连多看我一眼都不愿意，还给我取名“寤生”（难产）。就算后来我慢慢长大了，母亲也始终更喜欢小弟弟，留给我的始终是一道冷漠的背影。

这些年来，所有好东西都没等我先挑，就被送到了叔段的面前。明明我才是嫡长子，可在所有人眼里，因为有母亲的疼爱，叔段才是众星捧月一般的存在。这些我都可以不在乎，可让我没有想到的是，那天母亲竟然对父亲说，要废了我，让叔段做继承人！这下连父亲都看不下去了，严肃地训斥了母亲一顿。

母亲不得不接受这个结果，但她维护叔段的心没有变。我才刚刚继位，她就用血缘关系绑架我，要我把制地封给叔段。要知道，制地可是郑国的中枢，地理位置十分险要，母亲想把这块地给叔段，就差把让叔段造反写在脸上了。可我也不好驳她的面子，只好用“虢叔就是死在制地，这里不吉利”为借口，拒绝了她。于是母亲又逼我把京地封给叔段。

大夫祭仲冲出来，说这不符合礼制，京地太大了，封给叔段早晚会成为祸患。我难道不知道吗？可母亲非要如此，我有什么办法？我从母亲那得到的爱已经够少了，可不想再背上一个忤逆的骂名。

叔段得到京地后，更加傲慢嚣张，不把我这个国君哥哥放在眼里，甚至公然招兵买马，还命令西边和北边的城邑臣服于他。这下所有的大臣都看不下去了，告诫我：天无二日，国无二君，还不灭掉叔段，任凭叔段的野心像蔓草一样滋长，难道等他爬到国君头上来吗？

可让他们意外的是，我只是微微一笑，回答道：“多行不义，必自毙，你们等着瞧吧！”

果然，没过多久，叔段就趁我不在，带领军队前来偷袭郑国的国都，他以为有母亲做内应，自己的叛乱一定能成功，殊不知这一切都是我的诱敌之计。这头叔段被我打得哭爹喊娘，那头京地的人民也已经背叛了他，叔段像无头苍蝇一样逃到了鄢地，很快就遭到了诸侯的讨伐，被消灭了。

经此一遭，我和母亲的关系也彻底破裂了，我对她放了狠话，说：“除非到了黄泉，否则再也不见面！”但冷静下来我又有些后悔，她毕竟是我的母亲啊，请问大家有没有什么办法，让我既可以挽回母子关系，又不至于太丢面子？急！

郑国国君姬寤生

姬寤生：

您好！我十分同情您的遭遇，作为锦衣玉食的国君，却不能享受这人世间最平凡也最美好的母子亲情，这实在令人唏嘘。我为您想了一个办法，您可以派人在地上挖出一个深深的大洞，一直挖到“黄泉”为止，再掘出一条地道，你们母子在地道中相见，这样也不算您违背誓言呀！希望这个建议可以帮到您。

热心读者颍考叔

继母要我命！谁能帮帮我

我没有夸张！这不是普通的家庭纠纷，而是一场处心积虑的谋杀。

我叫重耳，是晋国国君的儿子，我有两个兄弟，申生和夷吾，原本我们兄弟三人还算和睦，但那日父亲去讨伐骊戎，凯旋的时候带回了一个美人，当时我们还不知道，这个被唤作骊姬的女人的出现，会改变我们所有人的命运。

也不知道这个骊姬给父亲灌了什么迷魂药，父亲一回到都城，就急着要立她为夫人，谁劝都没用。父亲和大臣们吵来吵去，最终决定用占卜来决定，可用龟甲占卜出“不吉”的结果后，父亲却突然变了卦，说还得用蓍草占卜一遍才行，这不是耍赖吗？在这番折腾下，骊姬终于顺利地当上了夫人，还生下了一个孩子，取名奚齐。

但骊姬的野心却并没有得到满足，她处心积虑地想把年幼的奚齐送上君位，为此她贿赂了父亲身边的奸臣，把我们都赶得远远的，只留下她和她妹妹的儿子在国都。在骊姬和两个奸臣的谗言轮番轰炸下，父亲渐渐地把我们几个都视为不孝子，后来骊姬更是自导自演了一出“宫斗戏”，在我大哥申生献给父亲的祭肉和祭酒里下了毒。可怜申生一片孝心，却被诬陷为叛逆，就连最亲爱的老师也被杀死了。

我这个大哥也是个糊涂虫，有人劝他向父亲申辩，他却说：“还是算了吧，我要是申辩，骊姬必然会被治罪，没有了骊姬，父亲一定会吃不饱，睡不香。父亲都一把年纪了，我还是顺着他吧。”

那个人又劝他逃到其他国家去，申生也不答应。他说自己现在背负着弑父的罪名，哪个国家都不会接纳他。绝望之下，他竟然选择了自杀。骊姬见申生已死，就把矛头指向了我和夷吾，要将我们也置于死地。

我不像申生那么傻，做不出坐以待毙的事情，可离开了晋国，我又能逃到哪里去呢？天下这么大，我身为一国之君的儿子，居然连一处落脚之地都找不到，让人如何不绝望？

眼下如果哪一国愿意对我伸出援助之手，来日我必涌泉相报，绝不失信！

晋国公子重耳

重耳：

你好！听说你在各国流亡，十分辛苦，我已在楚国备好美酒佳肴，你完全可以来投奔我，不用担心你那个糊涂爹和狠毒后妈会来追杀你，我早就想和你们晋国真刀真枪地打一场了！至于回报什么都好说，你可以先过来，我们见面后再议。

热心读者楚王熊恽

第五期
公元前 550 年 12 月 31 日
（本期第 1 版）

▼本期焦点

公子重耳
又遭亲弟弟夷吾追杀

要评选本年度最惨人物，非晋国公子重耳莫属。在被继母追杀，在外逃亡了整整十二年后，重耳又上了亲弟弟夷吾的追杀名单。

公元前651年，晋国爆发内乱，刚刚即位的骊姬之子奚齐被刺死在晋献公的灵堂上，不久，骊姬也被大臣们杀死。此时此刻，迎接哪一位公子回来做国君，成为大臣们亟待解决的问题。根据长幼有序的原则，他们先是找到了流亡在翟国的重耳，但重耳以自己没有为父亲守丧为名，婉拒了这个从天而降的“国君大礼包”。随后，这个机会便落到了重耳的弟弟夷吾（晋惠公）身上。

新君人选已经敲定，夷吾也举行了即位大典，但在国外有一个随时能将自己取而代之的哥哥，这件事始终让夷吾如鲠在喉。于是这位新任国君翻脸不认人，派出杀手，对重耳开始了新一轮的追杀，一场他逃，他追，他插翅难飞的流亡之旅就此展开了。

重金悬赏

晋国国君重金寻找逃亡在外的公子重耳，
各国如有发现重耳及其同党踪迹者，
速速报知寺人勃鞮。
如有藏匿者，就是与晋国为敌！

穷到吃土？流亡之路太艰难

记者：各位读者你们好！我是《历史简报》的记者包打听，此时此刻，我正在公子重耳逃亡的第一线——也就是这辆正在疾驰的马车上为您报道。我们可以看到，马车中坐着的，就是公子重耳的同伴们，而躺着的……这位躺着的是公子重耳没错吧？他怎么晕了？

齐姜：是的，说起来有些不好意思，他是被我灌醉强行带出来的。

记者：您是？

齐姜：我是重耳逃到齐国后娶的妻子，这两位是一路跟随保护重耳的亲信赵衰和狐偃。重耳原本是一位胸怀大志的青年，他从翟国逃出来后，先是逃到了卫国，之后又辗转来到了齐国，齐桓公是一位体恤诸侯的霸主，他盛情款待了重耳，不仅将我嫁给了他，还送给他车马住所，让他可以安逸快乐地在齐国生活。

记者：这不是很好吗？

齐姜：时间一长，重耳就沉醉于这样的生活，忘记了原本的志向，我们看着都很着急。这天赵衰和狐偃偷偷商量，齐桓公死后，齐国内乱不断，已非久留之地，应该找个机会，带重耳离开齐国，可是好巧不巧，正好有一名采桑的侍女听到了他们的交谈，侍女吓了一跳，赶紧把这件事报告给我。

记者：您是齐国人，又是重耳的妻子，当时一定很为难吧？

齐姜：是的，不过我稍稍冷静了一会儿，就决定和重耳一起离开，可是重耳却满不在乎地说："人生在世，最重要的就是开心，管那么多做什么？"气得我当场就把他骂了一顿。

记者：真是一位敢作敢为的奇女子，单从这件事上看，重耳比您差远了。您是怎么骂的？

齐姜：我说："你还真把齐国当快乐老家了？你堂堂一国公子，走投无路逃到这里，赵衰、狐偃这些人为了追随你舍生忘死，你不想办法赶快回到自己的国家，回报这些有功之臣，却沉迷温柔乡，我真为你感到羞耻！你这样不思进取，要什么时候才能成功？"

记者：所以他答应和你们一起走了？

齐姜：没有，不然我们也不会把他灌醉后再带出来。

记者：那他醒来以后，一定会很生气吧？

齐姜：管他呢！反正现在他是回不去齐国了，木已成舟，他生气也没用，只能努力向前了。

记者：我听说重耳在逃亡途中，还吃过土，有这回事吗？

狐偃：倒也没有真吃，但确实被人投喂过土。当时我们逃到卫国，卫国国君瞧我们一行人灰头土脸的，又在被晋国追杀，摆明了不欢迎我们。我们只好离开了卫国，途经一个叫五鹿的地方时，公子实在是饿得不行了，只好放下面子，向路边的乡野村夫讨要食物，想不到那个村夫见我们落魄竟然也起了奚落的心思，捡起一块土让公子吃下去。

记者：以重耳的脾气，一定气坏了吧？

狐偃：公子气得不行，差点就和对方拼命了，还好赵衰急中生智，给了公子一个台阶下。他说："土不就是土地的意思吗？他们献土给您，预示着您将来会有自己的广大国土，您应该感谢他们才对呀。"

记者：这种精神胜利法有点牵强吧？

狐偃：但公子当时最需要的，就是精神上的胜利。只要他心中有希望，不放弃，总有一天，这种精神上的胜利会成为现实，到时候一时的落魄也就算不了什么了。

本报记者 包打听

楚庄王：一场精彩绝伦的『变形记』

编者按 楚庄王熊吕是几百年来楚国最有作为的国君之一。在位期间，他重用孙叔敖、申叔时等人才，虚心纳谏，发展农业，兴修水利，改革货币，将楚国治理得空前兴盛。他还常常亲赴前线督战，鼓舞士气，派兵平定了多场叛乱，开疆拓土，一手把楚国打造成了当时首屈一指的军事强国。

但熊吕也并非从一开始就是一位模范国君，在很长的一段时间里，他都是大臣们眼中的"熊孩子"。一个人为什么能在短时间内，取得如此大的进步？又是什么让熊吕脱胎换骨，"变形"成功的？让我们跟随楚国大夫伍举的视角，一起看个明白。

说起我们这位新王，我真是哭笑不得。直到现在，江湖上还流传着他是听了耿直大臣苏从的死谏，才幡然醒悟，重新做人的传说，对此我只想冷笑两声，呵呵，你们是不知道，他有多会装。

你们都被他精湛的演技给蒙骗了。

大王活了这么多年，稚嫩过，无助过，但唯独没糊涂过。这孩子是我看着长大的，打小就一脸聪明相，又刚好是先王的嫡长子，当时我就想，他有朝一日继位了，准会是政坛的一颗新星。

可等到他真坐上了楚王的宝座，我忽然发现，事情的发展和我预想的有很大出入。当年的聪慧小王子爱上了乐舞丝竹，在最应该努力的年纪，他却沉溺于声色犬马，美酒佳肴，一连几日不来上朝是常规操作，最过分的时候，他甚至在宫门上挂起了警示牌："有敢谏者，杀无赦！"

多么典型的荒唐做派，就差把"我是昏君"几个字刻在脸上了。朝中文武官员叹气的叹气，摇头的摇头，感叹在这种内忧外患的时局下，摊上这种烂泥扶不上墙的年轻国君，楚国迟早要完。只有我仍不死心，因为某一日，我在新王的笑容中，觉察到了一丝苦涩。

我有预感，他是在筹谋着什么。

为了证明自己的猜想，我决定找他谈谈。但他要瞒，我们就不可能开诚布公地谈，他既然这么爱搞神秘，我就出个谜语给他猜。歌舞看罢，酒过三巡，我望着眼前左拥右抱的新王，开口道：“都城有一只大鸟，羽毛斑斓，但既不飞，也不叫，大王您猜猜这是为什么？”

新王稍作思索，大笑道：“这你都不知道？这鸟三年不飞，必将一飞冲天，三年不鸣，必将一鸣惊人！”

听了他的话，我没有再多说，默默地起身告退。

临出门前我们相视一笑，还是谜语人最懂谜语人。

果然，没过多久新王就开始暗中裁撤掉朝中那些小人和反叛势力，感觉时机差不多成熟了，他又开始平定周边附属国的叛乱，把那些过去曾欺负过他、为难过他的势力一一击败。长久的韬光养晦有了意义，这时的楚王不再是当初那个羽翼未丰的雏鸟，当他张开羽翼，决定一飞冲天时，天下间便没有什么能够阻拦他。

而我，也终于可以松一口气了，毕竟配合一个人演出也不是什么容易的事，装聪明难，装傻，更难！

作者系楚国大夫 伍举

齐相管仲的遗书

齐侯小白：

这是一封写给齐侯小白的告别信。

当你看到这封信时，我的生命已经走到了尽头。从一个贫穷低贱的商人，到成为齐国的国相，我见识过许多人一生都未曾看过的风景，回顾这一生，我没有什么遗憾的，唯一放不下的就是你和齐国。

从你还在做公子的时候，我们就认识了，这么多年来，我们做过死对头，但更多时候，都是最默契的“队友”。我们一同改革政治，带领齐国走向富强，又一同扫平天下，称霸诸侯，世上恐怕没有人比我更了解你。我知道你身上所有的优点，所以才会全心全力地辅佐你，但我也知道你身上的缺点，所以在弥留之际，我也要不厌其烦地劝谏你。

你叫我“仲父”，常说我命你往东，你就往东；我命你往西，你就往西。其实我对你没有那么多要求，此时此刻，我只希望你能答应我，远离易牙、竖刁和公子开方这些小人，不要继续受他们的蛊惑。

或许在你的眼中，他们都是最亲近、最合你心意的人：易牙为了取悦你，竟不惜杀死自己的儿子；竖刁为了讨好你，甚至可以狠下心来自宫。你曾问过我，如果这都不算爱，什么才算爱呢？可你有没有想过，一个连自己亲儿子都舍得杀的人，还有什么人他不敢杀？一个连自己身体都能残害的人，又怎么会去真心爱别人？

还有那位从卫国来的公子开方，为了表达对齐国的忠诚，已经整整十五年没有回过卫国了，就连他的亲生父亲去世，他都没有回国奔丧。一个人对自己的父亲尚且能如此绝情，又怎么能指望他效忠君主呢？

这三个人都是阿谀奉承的阴险小人，所以他们的话永远是悦耳动听的，但只有鲍叔牙、公孙隰朋这样的忠正之士，才能让你心明眼亮，创下雄图霸业啊。希望我走后，你不要把我的话当作耳旁风，如果齐国真的因此衰落，我在九泉之下都会感到遗憾悲伤。

管仲绝笔

少年勇斩两头蛇获民众点赞

近期，楚地时常有怪蛇出没，这条蛇长相奇异，有两个头，更诡异的是，所有见到这条蛇的人，都会在不久后离奇死亡，一时间楚地人心惶惶。让人欣喜的是，这条蛇近日已被勇士斩杀，而这名勇士竟然是名叫孙叔敖的稚嫩少年。

孙叔敖的母亲告诉我们，遇蛇那日孙叔敖是哭着回来的，他以为自己就要死了，可即便如此，他还是鼓起勇气，杀死了两头蛇，并把它深埋地下，以绝后患。孙叔敖这种为他人着想的精神，感动了许许多多的楚国人，他们纷纷为其点赞，认为他长大后必定会做出一番大事业。或许是他的善良感动了上天，在此之后，小孙叔敖并没有出现任何健康问题。

"春秋五霸"评选活动正在火热进行中

诸侯混战，沧海横流，自齐侯（齐桓公）异军突起，夺得霸主位置以来，许多有实力的诸侯也纷纷燃起了争霸的雄心。然而想要坐上这个位置可不那么容易，大国小国那么多，最终能脱颖而出的屈指可数。接下来就让我们盘点一下，本赛季最有可能登顶的几位霸主候选人吧！

首先，在前一赛季力压群雄的齐侯仍保持着相当的优势，只要"尊王攘夷"这杆大旗仍扛在肩上，他就依旧极有可能率领诸侯联盟卫冕。但根据本报内部消息，在齐相管仲去世后，年迈的齐侯已经表现出了骄奢淫逸的衰态，还和易牙、竖刁等谗臣走得很近，因此支持率逐年下滑。

长江后浪推前浪，在目睹了齐侯策略的成功后，新生代霸主晋侯迎头赶上。与齐桓公一样，晋侯重耳的即位之路也充满了磨难，但这也让他相比其他诸侯多了几分远见和洞察力，在城濮之战和平定子带之乱这两个赛季中，晋侯的表现都相当亮眼，他也成功成为继齐侯之后，在诸侯中最有人望的霸主候选人。

除了这两位大热门以外，"问鼎中原"的楚王熊吕（楚庄王）的实力也不容小觑，称霸西戎的秦君嬴任好（秦穆公）也来势汹汹，不过说到最名不副实的参赛者，就不得不提到宋国国君兹甫（宋襄公）。虽然兹甫在战场上连战连败，让人质疑这也能当霸主？但他的舆论战打得相当成功，他提倡"春秋大义"，做事从来都是把"仁义"二字放在第一位，这也让他在这血雨腥风的乱世中成为不少人的白月光，但也有人吐槽，兹甫的仁义不过是虚伪的作秀，丝毫不考虑客观现实，细想之下，令人发笑。

诸位国君俱已就位，乱世争霸，究竟鹿死谁手？让我们拭目以待。

投票选项（可多选）

□齐桓公 □晋文公 □楚庄王 □秦穆公 □宋襄公

一起由乌龟汤引发的惨案

一口乌龟汤竟然害死了一位国君，你听说过这样的事情吗？前不久，这样荒唐的事情竟真的在郑国上演了。

公元前605年的某一天，郑国大夫公子宋的心情颇为不错。因为就像人们常说的“左眼跳财”，公子宋也有一种“特异功能”，那就是每当他的食指开始莫名跳动的时候，就预示着这天大概率会有一场美食盛宴等待着他，作为一名吃货，他已经忍不住开始期待了。

公子宋脸上的喜色引来了同僚们的好奇与关心，公子宋也不隐瞒，得意地把自己“食指大动”的事情告诉了他们。就在众人将信将疑的时候，一阵香味从郑国宫殿中飘了出来，一打听才知道，是郑国国君姬夷（郑灵公）意外得到了一只大鼋（乌龟），正要烹煮了大宴群臣呢！公子宋这下可得意坏了，哈哈笑出了声，官员们也纷纷感叹他真是有口福。

可这事传到姬夷耳中，他却不高兴了，明明是自己大方款待群臣，风头却都让公子宋出了，这叫什么事？忽然，一个恶作剧般的念头出现在他的脑海中，公子宋不是预知自己能吃到美食吗？他就偏偏不让公子宋吃到。于是在分乌龟汤的时候，姬夷便授意宫人，跳过公子宋那桌。

在场所有人都津津有味喝着珍贵的乌龟汤，唯独不久前刚口出豪言的公子宋只能望着空碗发呆，这场面有多尴尬可想而知。公子宋气得满脸通红，到最后竟然站起身来，当众大步走到盛乌龟汤的大鼎前，用手指狠狠蘸了一指头汤，不顾形象地吮吸了一口，而后拂袖离去。

这场宴席最终不欢而散，但这不过是件小事，没过多久就被大家忘记了。可姬夷没有想到，这个公子宋竟是个睚眦必报的人，他不肯善罢甘休，竟伙同大臣子家一起造反，杀死了自己。

如今事情已经尘埃落定，可关于此事的讨论却并没有终结。有人认为，公子宋居然因为一口汤就做出弑君之举，实在是心胸狭隘，也有人认为小心眼的是国君姬夷，如果他不因为这种小事和公子宋当众斗气，或许就不会落得被杀的下场。

晋国国君履行承诺退避三舍

公元前633年，晋、楚两国在卫国城濮地区对峙，就在战争一触即发时，楚军却忽然向“诸侯军事法庭”提起申诉，要求晋国国君重耳（晋文公）履行“退避三舍”的承诺。

“舍”是一种距离单位，行军以三十里为一舍，三舍就是九十里。这可不是小事，战场上局势瞬息万变，稍有一点儿失利都会影响胜败，何况是后退三十里这种闻所未闻的举动呢？

记者详细了解后得知，重耳之所以会许下这样的承诺，是因为当年他逃到楚国的时候，楚王曾盛情款待过他，为他提供了安身之处。一次宴会上，楚王忽然问重耳：“如果有一天你回到晋国，当上国君，你要怎么报答我呢？”重耳略微思索后，回答：“像美女侍从这些您都不缺，奇珍异宝您也应有尽有，我实在没什么可回报给您的。这样吧，如果托您的福，我真的顺利当上晋国国君，来日我们两军交战的时候，我一定命令晋国的军队退避三舍，再与您交战，作为报答。”

想不到当日宴会上的话，真的会成为现实，重耳也很有气魄地履行了自己的承诺，让晋国大军齐齐后退了整整九十里。然而后退的行为并没有让晋军落败，反而是楚国大将子玉急躁傲慢，以为晋国害怕了，就赶紧下令出击，结果被早有准备的晋军打得落花流水。最终，这场城濮之战以晋军大获全胜告终。

楚庄王问鼎中原

公元前606年，楚庄王熊吕向周王室问鼎一事引发舆论轰动。

楚国也不是第一回做出这种惊世骇俗的事了，从自尊为王开始，历任楚王似乎都不怎么把周王室放在眼里了。再加上熊吕励精图治后，楚国的军事实力越来越强，北伐竟一直打到了洛水旁，还在周王畿举行了规模盛大的阅兵仪式，这可把周天子吓坏了，连忙派大夫王孙满去打探情况。

可楚王的奇葩操作不止于此，与王孙满见面当日，他竟然公开向其询问周鼎有多重。要知道，周鼎可是周朝的国宝，象征着周朝的江山社稷，楚王问鼎难道是想夺权篡位，取代周天子吗？王孙满吓出了一身冷汗，但还是从容地答复：“天下在德不在鼎。眼下周王室虽然衰落了，但天命还没有更改，所以还没到可以问鼎的时候。”

或许也是考虑到时机未到，不想成为中原诸侯讨伐的众矢之的，楚王稍作考虑后，还是放弃了“问鼎”计划，撤出了周王室的疆域，但军事专家表示，楚王的野心并没有终结。

商人弦高展现超高演技

乱世之中，尔虞我诈，最不缺的就是“影帝”，眼下不仅各国朝堂小剧场不断上演，就连民间也涌现出了一群实力不凡的“演技派”，弦高就是其中的佼佼者。

要问弦高的演技有多惊人，秦国大将孟明视最有发言权。当时，他正奉秦国国君之命，率领大军前去偷袭郑国，途经滑国境内的时候，却被一支“使团”拦住了去路。

“来人自称弦高，是郑国派来的使者，专程等在此地迎接我们，我一听人都傻了，这仗还怎么打？”原来，秦国之所以会来偷袭郑国，是因为当年郑国和秦国结盟时，秦国曾留下三位将军给郑国守城门，这三位将军掌握了郑国北门的城防后，便报信给秦国国君，想要里应外合，打郑国一个措手不及。可是眼下看弦高的样子，郑国国君显然已经知道秦军要来，自然会早做准备，他们再去打郑国，那不是自投罗网吗？

仿佛怕孟明视不信，弦高随即又派人送上了四张熟牛皮和十二头肥壮的牛作为礼物，这下，孟明视更对弦高的身份深信不疑，只好尴尬地原路返回了。直到最后，他都不知道，原来弦高只是一位普通的郑国商人，贩牛经过此地，偶然得知了秦军的偷袭计划，为了救国，才假扮成郑国使臣，只用了几头牛，就阻止了一场战争。

秦军撤退后，得知此事的郑国国君对北门的三位秦国将军下了“逐客令”，另外，他还特别表彰了弦高为郑国做出的杰出贡献。对此，弦高谦逊地表示：“这是我应该做的。”

《赵氏孤儿》首映礼在绛城举行

本月，史诗巨作《赵氏孤儿》首映礼在位于晋国都城的绛城大剧院举行，晋国国君姬夷皋率文武官员共同出席并观影，令人惊喜的是，本片人物原型赵武和程婴也来到了首映礼现场，引起了不小的轰动。

据悉，影片《赵氏孤儿》改编自真实事件，讲述了“程婴救孤”的感人故事。片中晋国上卿赵盾惨遭诬陷，全家三百余口被灭门，幸得门客程婴甘冒危险，仗义相助，才保住了襁褓中唯一的遗孤，多年后，赵氏遗孤长大成人，终于等到机会，为家族洗清了冤屈。影片播放到后半部分时，在场的许多观众都流下了感动的泪水。

首映礼结束后，如今已是晋国正卿的赵氏遗孤赵武当众表达了对程婴的感谢，感慨如果没有程婴的舍命相救，就不会有他的今天。同时，他也由衷地感谢大将赵朔这些年来的支持，多亏赵朔屡次进言，自己的家族才有可能翻案，未来他将在政坛上发光发热，造福百姓，回馈社会。

第六期
公元前476年12月31日
（本期第1版）

▼本期焦点

东南快报：吴国崛起了

就在中原诸侯混战、打得你死我活的时候，位于东南地区的吴国也暗暗发力，逐渐向霸主的行列靠拢。

相传，吴国的先祖是周文王的伯父太伯，当时，太伯和弟弟仲雍知道父亲有意传位给小儿子季历，便自动躲到了位于太湖流域的荆蛮地区。为了更好地融入当地人的生活中去，他们还入乡随俗，像当地人一样断发文身，因此吴国虽然也姓“姬”，却始终不被中原各国接受，还被视为鄙陋的南方小国。

直到一位名叫阖闾的王者出现，才彻底改变了吴国在天下人眼中的地位。

不过，据本报小编了解，阖闾在成为吴王之前，可没少受欺负。他的堂兄弟，也就是前一任吴王僚一直把他视为眼中钉，隔三岔五就派他去和强大的楚国对打，还暗戳戳地盼望他能死在战场上。那么阖闾是怎么从吴王僚手中夺得王位的？其中究竟隐藏着哪些不为人知的王室秘闻？

欲知详情，请翻阅本期第2版

匿名消息

重金招募刺客一名，
除身手矫健、武艺高强外，
还需有超强的心理素质，
怕死、承受能力差的勿扰。
擅长使短兵器者优先。

吴王僚遇刺，凶手竟是他

吴王僚十二年（公元前515年）四月丙子日，就在吴国贵族公子光（阖闾）的家中，发生了一起恶性杀人事件，被害人吴王僚身中数剑，当场毙命。

据事件亲历者回忆，当日吴王僚受公子光之邀，前来参加庆功宴。这原本是件值得高兴的事，但二人此前因为王位继承之事，多有隔阂，所以即便是来赴宴，吴王僚也丝毫没有掉以轻心，还是带了许多贴身保镖，手执长矛、身穿铠甲的护卫从王宫一直排到了公子光家里，场面十分具有压迫感。

或许是以为自己的防御已经无懈可击，吴王僚在庆功宴上表现得十分放松，开怀饮酒，还拉着公子光同饮，可刚刚喝到一半，公子光便捂着自己的脚，说自己的旧伤复发了，要去医治，没想到他这一去就再也没回来。

又过了一会儿，一个厨子端着一盘香喷喷的炙鱼来到了吴王僚面前，请他品尝。当时吴王僚的注意力全被炙鱼吸引，想不到就在他提起筷子的瞬间，一道清光从鱼肚子中破开，一把短剑顷刻刺入他的胸膛，血溅三尺，吴王僚当场毙命。而行凶者，正是那个貌不惊人的厨子。

据悉，厨子名叫专诸，是公子光豢养的刺客，刺杀成功后，专诸也被蜂拥而上的侍卫们杀死了。不过公子光早在自家地下室安排了大量武士，只等吴王僚一死，发动政变，夺取王位。

眼下，公子光已经成为新任吴王，吴王宫官方发言人称：刺杀只是种不得已的手段，王位本就该属于公子光。记者深扒了一下吴王室的族谱，这才发现公子光乃是吴国先王诸樊之子，根据兄终弟及的原则，诸樊将王位传给了弟弟馀祭，馀祭又将王位传给了弟弟馀昧，吴王僚正是馀昧的儿子。公子光和吴王僚同为王之子，却只能对无才无德的吴王僚俯首称臣，当然不甘心，于是才策划了这场政变。

吴王阖闾（公子光）即位后，为了感谢刺客专诸的以命相酬，特别厚葬了专诸，还破格封他的儿子为上卿，给予专诸极高的死后哀荣。同时，他还宣布将在吴国发起全面改革，让吴国摆脱贫困落后，成为称霸东南的强国。

凶器展示

专诸用来刺杀吴王僚的兵器名为“鱼肠剑”，也被称为“蟠钢剑”，外形极为短小，因此才能藏在鱼腹之中而不被发现。相传，鱼肠剑是铸剑大师欧冶子打造的，相剑师薛烛曾预言，这是一把不祥之剑，后来鱼肠剑果然成为弑君之剑。

伍子胥：一夜白头的复仇者

编者按

提起吴王阖闾，就不得不说到他的好搭档伍子胥。就连很多吴国人都表示，伍大夫就像谜一样，让人看不透：他从年轻时起，便是一头白发；他明明是楚国人，却呕心沥血帮助吴国打败楚国；对待楚王时，伍子胥就好像一个恶魔，可对于吴国而言，他却是最坚贞忠直的大臣。本期就让我们一起走近伍子胥的精神世界。

眼前就是滔滔的长江水，也许我应该回头，但我已经没有回头路了。

我叫伍员，字子胥，我的父亲是楚国的太子太傅伍奢，我还有一个哥哥伍尚，原本我们一家人在楚国过着幸福的生活，可一个奸臣的出现打破了这一切。那个人名叫费无忌，他在楚王面前诬陷太子叛乱，还牵连了我的父亲。父亲被楚王囚禁，楚王还让父亲将我们兄弟召来，说只有这样，才能免于一死。

使者将这件事告知我们的时候，兄长不假思索地要随他前去救父亲，我连忙拉住他，劝说道："我的傻哥哥，就算我们都去了，楚王难道就会放过父亲吗？他此举不过是为了斩草除根罢了，我们不如投奔他国，来日为父亲报仇，也好过白白去送死。"

但兄长却说，作为人子，他无法像我这么理智，更没法弃父亲于不顾，他让我赶快逃离楚国，来日为他们报仇，而他已经做好了陪父亲赴死的准备。看着兄长决绝的眼神，我含着眼泪逃过了使者的追赶，一路上我在心底暗暗发誓，来日一定要灭了楚国，为父兄报仇雪恨！

可目前最紧要的，还是要先离开楚国，身后已经传来追兵的呼喊，就在我望着江水快要绝望的时候，一位老人将我拉入自己的船中，而后撑着小船飞快地离去了。一路上，我的心里又是惊喜，又是感激，下船之前，我把祖传的宝剑从腰间解下，送给老艄公，并拜托他千万不要泄露我的行踪。老艄公却仰天苦笑，问我："你知不知道，楚王下令悬赏你，如果能抓到你，赏赐粟五万石，加官进爵，我连这些都不贪图，又怎么会贪图你的一把宝剑？"说完便自沉江底了。

父亲、兄长、老艄公，这么多人都是因楚王而死，叫我怎能不恨？我在韶关忧愁得一夜白头，后来投奔到了吴国，辅佐阖闾夺得了王位，将吴国治理得越来越强盛，自己也成为吴国的权臣，但我始终没有忘记自己的初衷——我要向楚王复仇，不计代价！

公元前506年，我终于又站在了楚国郢都的城门前，但这一次，我身后有吴国的千军万马。在我和孙武的指挥下，吴军势如破竹，一直打进楚国的宫殿，但让人遗憾的是，此时楚王已经死了，为了泄愤，我把他从坟墓里拖出来，鞭打了三百下。好友申包胥说我的做法太过分了，可他哪里知道我心里的恨，我就是要以血还血，以牙还牙！

好书推荐：《孙子兵法》

伍子胥好友、兵家祖师爷孙武呕心沥血之作，不能错过的军事宝典，征战沙场必读书目，内含作战、行军、地形、用间等多方面实用战术及详细讲解，吴王阖闾看了都说好！

史官们为什么这么倔

各位读者你们好！我叫崔杼，是齐国的大夫，今天我登报，是想吐槽一件事。

齐灵公病逝后，即位的齐庄公十分不道德，不仅多次调戏我的妻子，甚至还公然跑到我家里来，搞得我在大臣们面前很没面子。你们以为我是想吐槽这个无德的昏君？错了，国君不争气，杀了换一个就行了（事实上我也是这么做的），但真正让我感到无奈的，是那些不依不饶的史官。

杀了齐庄公后，我痛快了一阵，但很快就有人告诉我，史官将我弑君的事原封不动地写在了史书上。这还得了？虽然我有杀死国君的胆量，但这事毕竟不光彩，谁愿意遗臭万年？于是我第一时间找到负责记录史书的太史伯，希望他能通融通融。

可太史伯却鄙夷地看着我道："据实记录是我作为史官的职责，没得商量。"我见他这么不好说话，只好杀了他。可没过几天，又有人来告诉我，太史伯的二弟太史仲接下了兄长的使命，又把"崔杼弑其君"写在了史书上。我一怒之下，又杀了太史仲，可没过多久，又不知从哪跑出个太史叔，继续在史书上披露我的底细……

我就一直杀啊杀，杀到了老四太史季那里，进门第一件事，我就问他："你不会还有弟弟吧？"年轻史官摇摇头，说："没有了。不过就算我们全家都死光了，也会有其他的史官前赴后继地赶来记录历史真相，你是杀不完的。"

我知道他说的是实话，因为第二天我就听说，有南方的史官陆续赶来接他的班了。在这样的乱世中，竟还有这样一群愿为理想献身的人，想想也是不容易，我就放过这个小史官吧！

齐国大夫晏婴率使团访问楚国

近日，齐国上大夫、外交工作负责人晏婴率使团访问楚国。在楚期间，晏婴会见了楚国国君熊围和楚国一众官员，双方进行了亲切的交流，并就两国民风民俗和柑橘种植等问题展开了热烈讨论。

楚王认为，齐国人之所以会在楚国犯下盗窃罪，是因为齐国民风如此，从而影响了百姓的行为；而晏婴则当场指出："我听说橘生淮南则为橘，生于淮北则为枳，虽然这两者外形相似，但味道尝起来却天差地别。为什么我们齐国的人，在本国好好的，一到了你们楚国，就成了盗窃犯呢？看来是水土不同导致的呀。"

对此，楚王无言以对，当场向晏婴和齐国使团致以诚挚的歉意。齐国和楚国代表一致认为，眼下双方应当继续保持互利互惠的合作关系，这样才能在争霸大业上齐头并进，共同谱写历史篇章。

吴王夫差回忆录

公元前478年，吴国大旱，饿殍遍野，吴国的精锐又在与齐国和晋国的交战中大量折损。越王勾践听取了文种的建议，看准时机，趁势起兵，利用先进弓弩和精兵战略，终于在三年后攻破吴都，将吴王夫差困于姑苏之山。夫差为保性命，只能派大夫王孙雒前往越王帐下乞和。越王会接受夫差的求和吗？从一代霸主到阶下囚，夫差又是怎样一步一步走到了今天？让我们通过吴王留下的回忆录，一探究竟。

今天，王孙雒带回了勾践拒绝议和的消息，我听后先是感到极度的愤怒，毕竟他勾践有今日，还不是因为我在会稽山高抬贵手，放了越国一马？但冷静下来后，我又瞬间理解了他的做法，如果再给我一次机会，我一定不会听信伯嚭的谗言，一定不会给勾践喘息的机会，可现在再说这些，又有什么意义呢！

现在回想起来，我真是糊涂，夫差本就是我的杀父仇人。如果不是他在槜李之战中偷袭了我父王阖闾，我父王也不会因为重伤不治，早早去世。还记得父王临终前，死死抓着我的手，问我："你忘了是勾践杀死了你父亲吗？"我大声回答："不敢忘！"他这才闭上了眼。

此后，这句遗言就像噩梦一样，一直纠缠着我，让我日日夜夜，殚精竭虑，只想着为父报仇，灭掉越国，杀死勾践。可当我的大军真的以席卷之势，将勾践围困于会稽山时，我却忽然改变了心意。

面对勾践的屈膝求和，看着他献上的美人和珍宝，我把父亲的叮嘱和伍子胥的劝谏都抛在了脑后。那一刻，我的心中充满了自负和傲慢，我享受对手臣服于我脚下的感觉，同时，我也想着，越王勾践，也不过如此！我沉浸在羞辱他的快意中，越国已经被吴国打得一败涂地，弱小到我完全不相信他还能翻身。

伍子胥劝我不要撤走在越国的驻军，一举灭掉越国，还说勾践这个人极能忍辱负重，他布衣蔬食，还经常到百姓家吊丧慰问，这样做无疑是想收买人心，利用民众为他向吴国复仇，我若不杀他，将来必定会后悔。

可那时的我满心想的都是称霸中原，早不把越国放在眼里，在伯嚭的谗言挑拨下，我赐死了伍子胥这位吴国的老功臣。听说他临死前，让人把他的双眼挖出来，挂在墓前的树上，他要眼睁睁看着越国是怎样灭掉吴国的。

如今我真的后悔了，可悔之晚矣，伍大夫的在天之灵恐怕也在笑我吧！

王孙雒说，勾践打算把我流放到甬东，再给我百户人家，我知道他也是存了羞辱我的意思，但我没有他那样卧薪尝胆的本事，我所剩的只有一点君王的傲气和尊严。于是我答复他："我老了，已经不能再侍奉君王。"而现在，我将和伍子胥一样，用一把剑结束自己的生命……

陶朱公：我不做相国好多年

越灭吴之战后，为了了解更多两国不为人知的秘闻，我们几经走访，终于采访到了这场战争的核心人物，越王勾践的神秘军师——范蠡。接受我们采访时，范蠡已完全看不出半点政客的样子，更令人惊讶的是，他现在的身份竟然是大名鼎鼎的富豪“陶朱公”，这让人不得不感叹，果然聪明人到哪个行业都会取得成功。

面对我们的镜头，范蠡坦言，他更喜欢自己现在的身份，尔虞我诈的政坛争斗于他而言，早已成为过往，他“不做相国好多年”。范蠡告诉我们，起初他也曾被越王勾践的雄才大略所感染，毕竟不是每一位君王都能像勾践那样卧薪尝胆，只为成就一番大事业，与这样的人并肩同行简直燃爆了，况且勾践还是一位爱民如子的明君。但随着战争的结束，勾践的本性也渐渐暴露出来。

“盛名之下，难以久居，我早就看出勾践这个人，只能共患难，却不能共富贵。”范蠡回想起此事，还是满脸的悲痛，“可让我最无法原谅的是，他居然因为疑心，杀死了对他忠心耿耿的文种，而文种当年就是我带到越国去的。因为此事，我始终无法原谅自己。”

当我们问及他与传说中的美人西施的恋爱传闻时，范蠡则表示，想保有一点个人隐私，无可奉告。

各国掀起铸币热潮

周王室东迁后，各诸侯国的经济格局也发生了巨大改变。为了方便本国贸易，各诸侯国纷纷搞起了货币“私人定制”，越过周天子，直接在本国开设铸币机构，自己造钱自己花，生活质量顶呱呱。钱币收藏专家告诉我们：“这是货币铸造技术日趋成熟的结果。”

“各国铸造货币采用的主要是熔铸和锻造两种方法，但造出来的货币种类却五花八门，近年来，货币的样式几乎是爆发式增加，几乎收藏不过来。当然，数量最多的还要数形似贝壳的‘贝币’，毕竟人们最开始使用货币交易，用的就是贝壳，除此之外，还有仿照农具铲铸造的布币、外形酷似大刀的刀币、中间有圆孔的圜钱……每种钱币都有相对固定的流通地区，钱币表面上还铸有各国文字。”

但谈到钱币种类暴增的趋势时，专家的表情却凝重起来。他告诉我们，各国分别铸币虽然在一定程度上促进了本国经济的发展，但长此以往，将给跨国贸易带来很多麻烦，人们将疲于货币兑换，一些小国的铸币也存在不被他国承认的风险。可谁能打破这种纷繁的铸币局面，眼下还未可知。

函谷关关令公然索要“过路费”

近日，一则名为“函谷关关令尹喜公然向白发老人索要过路费”的社会新闻刷爆了大家的朋友圈，据目击者称，当时他看见尹喜拦住了一位骑着大青牛的百岁老人，不依不饶地说了些什么，硬是不让老人出关，一看就是在索要什么东西，看老人的表情也是十分的无奈。

事情一经传播，热心群众纷纷指责这名关令财迷心窍，竟然为难这么年迈的老人家，实在是道德败坏。对此，当事人尹喜表示：自己很是冤枉。

“你们知道那位老人是谁吗？那可是传说中的高人老子，他曾经担任周朝的藏书官，是这世上最博学、最有智慧的人，就连孔子都曾向他虚心求教呢！”尹喜告诉我们，当时老子骑着青牛，打算出关云游，从此远离凡尘再不回来了，多亏自己手疾眼快，一把拉住了老子的胳膊，求他为世人留下点纪念。老子想了想，向他要来笔墨，将自己毕生学说的精华写成了一本书，也就是现下大火的道家名作《道德经》。

面对我们的采访，尹喜激动道：“要不是我，你们哪有机会读到这本奇书？感谢《历史简报》的采访，我的冤情终于可以洗清了！”

教育家孔子在鲁国开讲

公元前496年，时任鲁国大司寇的著名教育家孔子在两观之下开讲，上千名学子现场聆听了这场激动人心的公益讲座。孔子名丘，字仲尼，是儒家学派的开创者，早年他曾求教于老子，潜心学习多年后终于开宗立派，如今在各国之间都有着极高的声望。

本场讲座孔子以“仁”为核心，讲述了克己复礼和施行德政的重要意义，他提出“人性本善”论，认为要终结乱世，只靠武力是不行的，必须推行王道，兴复周礼，让社会恢复到正常的秩序中。

同时，他也对学子们的个人成长提出了许多建议，倡导人与人之间应该相互关爱，相互体谅，“己所不欲，勿施于人”，以及年轻人在学习过程中，要多多思考，融会贯通，“学而不思则罔，思而不学则殆”。

作为私学的倡导者，一直以来，孔子都非常反对学术垄断，他倡导“有教无类”，认为人无论身份贵贱，都有学习知识的权利，针对不同学生，老师应该采用针对性的教学方法，因材施教。这些开创性的学说都让在场学子受益匪浅，随着讲座的进行，会场上多次响起热烈的掌声。

想要了解孔子更多精彩语录，欢迎订购儒家指定教材《论语》，半部《论语》治天下，你值得拥有。

第七期
公元前 310 年 12 月 31 日
（本期第 1 版）

各国为自强 奇招频出

近年来，各国之间征伐不断，诸侯国之间的兼并吞灭时有发生，不仅夹缝中的小国无法生存，就连大国之间也疯狂地“卷”了起来，“守旧就要挨饿，落后就要挨打”已经成为各个诸侯国之间的共识。怎样让自己的国家更加强大？该如何找到一条适合本国的富国强兵之道？是每一位君主都在思考的问题。

于是，一大批致力于改革的法家人才顺时而动，纷纷拿出了自己的变法“企划案”，到各国去寻找机会，以整个国家为蓝图，在政治、经济、军事领域大展拳脚。本期《历史简报》，就让我们聚焦各国的变法大业，一起走近那些披荆斩棘的改革家，领略他们的别样风采！

本期焦点

田忌赛马会赛事资讯

参赛者 / 场次	田忌	齐威王
第一场	下等马	上等马
第二场	上等马	中等马
第三场	中等马	下等马

欲知比赛结果，请关注齐国官网赛事直播或购买当日《历史简报》查询

李悝、商鞅掀起变法热潮

现在记者所在的地方，正是战国变法经验分享会的现场。我们可以看到，想要学习变法经验的各国大臣已经排起了长队，气氛热烈，来自魏国、秦国、韩国等变法强邦的改革人才陆续亲临现场，与大家亲切交流变法经验，分享变法心得。相信在本次分享会过后，各国的变法进程都将再向前一大步。

“我最崇拜的变法大臣是李悝，在我心中，他不仅是一位政治家，还是一位让老百姓都能吃饱饭的大好人，堪称功德无量！”现场，一位“变法迷”激动地说。

据了解，作为各国变法的先驱，魏国重臣李悝在魏国建立不久后，就在魏文侯的支持下，开始了大刀阔斧的改革。他不仅完善了魏国的法治，还开创了魏国特有的“武卒”制度，为处于四战之地的魏国配备了一支战斗力强大的“特种兵”，也为日后吴起率领魏武卒攻下函谷关，奠定了坚实基础。

值得一提的是，李悝不仅关注政治和军事，农业问题也是他变法的一大重点。魏国管理粮仓的官员向我们透露，魏国百姓之所以在灾年也不会遭遇饥荒，靠的全是李悝的“平籴法”：“他让我们在丰收的年头，平价收购粮食储存起来，以解决百姓粮食滞销的问题，再在灾荒之年将这些囤粮低价抛售给百姓，这样就可以靠官府的力量，防止商人垄断粮食，让魏国的老百姓丰衣足食。”

除此之外，李悝还大力发展农业，鼓励百姓开垦荒地，因地制宜种植作物，将贵族手里的土地分给农民耕种。经过这一系列措施，魏国粮食产量激增，一骑绝尘般迅速富强起来。

这边的农业经验还没有听完，那头韩相申不害的管理学课程又开讲了。申不害在分享过程中，尤其强调了“术”对治理国家的重要性：“现在总有些人认为君主专权是坏事，不是的，至少在我们这个时代不是这样的。国君就像国家的心脏，应该把生杀大权牢牢握在手中，这样庞大的国家系统才不会失控。只有国君用‘术’驾驭好臣子，让臣子全心全意为国家效力，才能最大限度保证国家的稳定和发展。只有把‘法’‘术’‘势’三者结合起来，才能让国家真正走向富强。”

在分享会现场，还竖立着一根沉重的木桩，这又是做什么用的呢？

秦国的官员告诉我们，

商鞅变法初期，许多人都对这些法令持怀疑态度，担心变法会朝令夕改。为了消除大家心中的顾虑，商鞅专门在国都搞起了“行为艺术”，他命人在南门立起一根三丈高的木头，向公众宣称，只要有人能将它搬到北门，就赏金十镒。起初大家都半信半疑，觉得商鞅是在开玩笑，不敢去搬，于是商鞅又把赏金加到了五十镒。过了好久，终于有一位壮汉将木桩扛去了北门，大家好奇之下，也都跑去看结果。想不到，商鞅竟然真的践行诺言，将赏金如数送给了壮汉。

正是这根代表着信用的木桩，开启了秦国的变法征程，所以商鞅才将它带到了现场，作为经验向大家展示。

本报记者 包打听

嬴渠梁：我为什么坚决支持商鞅变法

编者按

提到变法，就不得不提起商鞅在秦国进行的那场跨时代的政治革新，作为变法界的领头羊，商鞅用一条条言出必行的法令，一项项利国利民的举措，使秦国无敌于天下。

但变法改革的道路，从来都不是一帆风顺的，俗话说，每一个变法成功的名臣背后，一定会有一位力挺他的国君。今天，我们有幸请到了商鞅变法的头号支持者秦孝公，请他来讲讲，那些年他和商鞅之间的故事。

小编：您好，请您先向本报的广大读者做一下自我介绍吧！

嬴渠梁：大家好，我姓嬴，名渠梁，是秦献公之子。自小我就跟随我的父亲四处征战，二十一岁时，我继任了秦国国君之位，很多人都以为我是个“富二代”，只有我自己知道，秦国当时的处境有多么艰难，临危受命的我不过是个苦哈哈的“负二代”罢了。

小编：咦，秦国不是“七雄”之一吗？您为什么这样说呢？

嬴渠梁：大家可能有所不知，秦国本就地处西鄙之地，常常受西戎骚扰，经过几场内乱之后，更是国力凋敝，百姓之间常有私斗，但军制落后，对抗外敌时战斗力却很弱，屡战屡败，也是这个缘故，早年连属于秦国的河西之地都被魏国夺去了。当时中原各国都瞧不起秦国，把我们当作夷狄对待，会盟都不带上我们。

小编：想不到强大的秦国还有这样一段不堪回首的“弱秦”过往，这就是您坚决支持商鞅变法的原因吗？

嬴渠梁：没错。励精图治是我父亲秦献公的遗愿，也是我的志向。即位不久，我就斩杀了西戎獂王，但我知道只靠武力还不够，要想让秦国强大起来，还需要进行一场彻底的革新，所以我颁布了求贤令，又经过景监的引荐，见到了从魏国来的卫鞅，我们一拍即合，开启了携手变法之路。

小编：卫鞅，他不是叫商鞅吗？

嬴渠梁：“商”代表的是我后来赐予他的封地之名——商於，因此他也被称为“商君”，他是卫国的公族，所以当时我们都称他为“卫鞅”。

小编：原来如此。为了使秦国富强起来，您和商鞅都做出了哪些举措？

嬴渠梁：那可太多了，我就说几条关键的吧。变法之初，我们颁布了《垦草令》，后来又废除了井田制，承认土地私有，从根本上解决了农业问题，让秦国的老百姓有粮吃，有衣穿。随后，我们又实行了靠军功换取爵位的制度，严厉惩处私斗行为，这样一来，秦人都开始怯于私斗，却能在战场上舍生忘死，连战连胜。同时，新法还实行连坐制度，制定了严格的律令，移风易俗，为百姓编订了新的户口，统一了度量衡……短短十几年，秦国就肉眼可见地从一个积贫积弱的国家，变成了国力丰足、乡邑大治的强国，这都要归功于卫鞅的铁腕和决心！

小编：变法取得了这样大的成就，应该可以宣告成功了吧？

嬴渠梁：还不能下此定论，变法虽然是卫鞅和我发起的，但却不是短期内就能完成的事情。要变法大成，还需要依靠秦国君臣世世代代的努力，不断改革进取，况且在秦国一直都存在阻碍新法的保守势力和旧贵族，他们会想尽办法破坏新法，不过我相信，卫鞅的变法是经得起时间考验的，即便有天我和他的生命都走到尽头，但新法的光芒不会暗淡，它会照耀着秦国一步步走向历史的辉煌。

晋国被一分为三了

本报讯 公元前438年，晋国发生了一件大事，晋国的三个强大的家族，韩、赵、魏瓜分了晋国的土地，只留下两块小得可怜的土地给晋国国君，可以说，晋国已经名存实亡了。

但很多读者都搞不懂，晋文公时期，晋国不还是中原地区的霸主吗？为什么一转眼就被人欺负成这个样子，就没人来管管？这段时间接连有读者寄信询问此事，为了搞清事情真相，记者决定前往晋国，向当地人问个明白。

经过走访，记者逐渐还原了事件真相。原来，晋国的分裂早有前兆，晋文公去世后，晋国的朝政就逐渐落到了几个大家族手中，其中最有势力的六大家族分别是智氏、韩氏、赵氏、魏氏、中行氏和范氏，这六大家族经常互相针对，把原本强大的晋国搞得乌烟瘴气。

公元前458年，智氏消灭了范氏和中行氏，成为剩下四大家族中最厉害的一族，但大夫智伯瑶的野心并没有因此得到满足，他又要求其他三族各自割一百里土地出来，名义上是要献给晋国国君，但另外三家都明白，最终这些土地都会进了智氏的腰包。

“我们当然不愿意，但智伯瑶说，谁不出土地，其他几家就联合起来一起揍他，我们迫于无奈，只好选择割地。”韩、魏两家回忆起这件事，依旧心有余悸。

“可为什么最终留下来的是韩、赵、魏三家，而不是强大的智氏呢？”记者不禁心生好奇，细细打听才知道，这都是智伯瑶自掘坟墓的下场。原来当时唯独赵氏大夫赵襄子不同意割地，狠毒的智伯瑶便将晋水决堤，顷刻间便淹没了赵襄子防守的晋阳城，城中百姓的家全被淹了，淹死的人不计其数。

智伯瑶正自鸣得意，没注意到身后的韩康子和魏桓子已经面色惨白。赵襄子驻守的晋阳城临河，他们所在的安邑和平阳也有河流经过呀，今日智伯瑶能水淹晋阳，谁能保证他改日不会水淹韩、魏的封地呢？

一想到这件事，他们两人顿时不寒而栗，正好这天，赵襄子偷偷派来的说客张孟谈也到了，三家一合计，决定拧起一股绳，一同对付贪得无厌的智伯瑶。很快，智氏就被消灭了，三家平分了智氏的土地，后来，就连晋国的土地也被他们分掉了。

最终，整个晋国像一块大蛋糕一样，被分成了韩、赵、魏三块。听说，三家的大夫还打算在各自的土地上建国做诸侯呢！

本报记者 包打听

姜太公后人遭遇白眼狼？

近日，有人匿名写信向本报控诉，田氏一族简直太过分了！

写信者在信中详细记录了田氏一族蚕食齐国的经过：齐国原本是姜姓一族，也就是我们熟知的姜太公的封地，齐国传承了数百年后，又在齐桓公的统治下发展至鼎盛，成为当时赫赫有名的霸主。齐桓公乐善好施，经常接纳流亡在外的诸侯子弟，不仅收留了后来的晋文公重耳，还收留了一位名叫陈完的陈国公子。

陈完来到齐国后，为了避祸，改为田氏，深受齐桓公重用，可齐桓公不知道，田完逃到齐国来，本就是别有用心。原来早在田完刚出生的时候，周朝的太史就曾经为他卜过一卦，卦象中说，他的后人将会拥有一个国家，但这个国家却不一定是陈国，很有可能是一个姜姓之国。而姜姓之国中最强大的，就是齐桓公所在的齐国。

“田完逃到齐国来，一定是有预谋的！他早就想取代姜姓，成为齐国的主人！”写信者在信中愤怒地写道。但本报编辑在讨论后认为，田氏取代姜姓，夺得齐国执政权已经是五代之后的事了，田完仅靠占卜就看到这么远的事情，似乎也有点不可能。

不过编辑们也能理解写信者的心情，毕竟田氏在掌握国政之后做的事，实在有些忘恩负义。据悉，田氏后人田乞自立为相后，齐国上下已经没有田氏的对手，他们本可以像韩、赵、魏三国那样，留给齐国公室一块小小的土地，让齐国存续下来。可田乞的儿子却杀死了齐简公和许多姜姓公族，田乞的五世孙田和更是把齐康公和所有姜姓子孙都赶到了一座小小的海岛上，又逼周王室册封自己为齐侯，这种赶尽杀绝的做法令人不由得心寒。

在这封信的最后，写信者留下了一句充满怨恨的预言：“田氏如此对待自己的恩人，篡夺了本属于姜姓的国家，这种来路不正的政权日后也不会有什么好结果的，等着瞧吧！”

这是一条来自未来的简讯——

公元前221年，秦王在攻灭其余五国后，挥师攻打齐国，齐王田建投降献国，齐国灭亡。秦王嬴政将田建安置在一处偏远的荒地上，让他居住在松树和柏树之间，不给他供给食物，最终田建被活活饿死了。

孙膑庞涓师兄弟大打出手

公元前342年，在齐国马陵，发生了一件骇人听闻的同门师兄弟互殴事件，纠纷双方身份特殊，一位是魏国大将庞涓，一位是齐国军师孙膑。据目击者称，现场状况十分惨烈，庞涓所率领的魏国军队在一处狭窄的路口遭到了齐军的伏击，几乎全军覆没，庞涓也被乱箭射死，现场还残留着孙膑故意留给庞涓的“预告信”，附近的一棵树被削去了树皮，上面写着“庞涓死于此树之下”。

据悉，孙膑之所以下如此狠手，完全是因为庞涓陷害自己在先。两人本是同门师兄弟，当时庞涓已身居高位，可他非但没有出手提携孙膑，反而担心他的才能强于自己，会威胁自己在魏国的地位。因此，他故意将孙膑骗到魏国，又捏造罪名，害孙膑遭遇膑刑和黥刑。后来孙膑侥幸逃到齐国，得齐王重用，这才有机会设计向庞涓复仇。让人不由得感叹一句：“善有善报，恶有恶报，不是不报，时候未到。”

墨子 VS 鲁班 谁才是最强机关大师

众所周知，鲁班（公输般）是举世闻名的机关高手，但你知道吗？其实墨家的祖师爷墨翟也是一位机械狂人。

最近，以楚国伐宋为契机，鲁班和墨翟之间进行了一场史无前例的机关术大比拼，这场战争，将决定宋国究竟能不能在楚国的强大攻势下存活下来。

先出招的是墨翟，只见他解下自己的腰带，围成一圈，做出微缩城墙的样子，等待鲁班来攻，作为云梯的打造者，鲁班也不甘示弱拿出木片当作攻城器械，向墨翟的城墙发起一次次猛烈攻击。可不管鲁班从哪个角度进攻，墨翟早就准备好了应对措施，小小一座“腰带城”，竟被他守卫得好似铜墙铁壁一般。最终鲁班用完了所有的攻城器械，墨翟的守城方法还绰绰有余呢。

鲁班没法从机关术上打败墨翟，就想着如果杀死墨翟，宋国就无人守城了，墨子也看出了他的所思所想，义正词严道：“我早就派我的大弟子禽滑厘带上三百弟子和墨家的守城器械去宋国了，所以你即便杀了我，楚国也攻不下宋国！”楚王见势，只好放弃了伐宋计划。

胡服骑射是“崇胡媚外”？
赵国国君有话说

近日，有不少人向本报反映，赵国邯郸街头出现了许多身着胡服的人，他们一改往日的长袍大袖，穿上了窄袖短打，束起了皮带，甚至穿上了皮靴，样子十分怪异。对此，有些人感到新奇，也跟着模仿，但更多人对此持怀疑态度，以公子成为首的贵族更是公然批判此举是赤裸裸的“崇胡媚外”“把老祖宗的法度都丢到一边去了”，是“逆民心之举”。

对此，我们采访到了“胡服骑射”的首倡者赵雍，赵雍也向我们详细解释了这项举措的目的。他说：“大家都误会我了，我之所以让百姓们改穿胡服，并不是因为个人喜好，而是为了增强赵国的军事实力。因为战斗力不足，长久以来，赵国一直受到各个诸侯国的欺负，就连中山这样的小国都来挑衅我们，再加上我们的国土毗邻胡人的领地，更是时常遭受游牧民族的侵扰，可谓国无宁日。”

赵雍告诉我们，在对战胡人的过程中，他发现胡人之所以强大，与他们的骑射技术和骑马时的着装是分不开的。“如果我们也效仿胡人，穿上短衣窄袖的骑射服装，再系统训练军队的骑马射箭技术，是不是就能大幅度提升战斗力呢？”正因为有了这样的猜想，他才从上到下，开始推广胡服的大胆尝试。

据悉，赵雍的强军计划已初见成效，依靠强大的骑兵，赵国已经一举灭掉了中山国，并对西境、北境的林胡、楼烦等国发起了有力反击，拓地千里，成为了能与秦、齐并列的当世强国。

赵国国君赵雍宣布，将在邯郸境内，沿漳、滏之滨修筑起一条坚固的军事工事，用于抵御外敌入侵。早在赵肃侯时期，赵国就曾在北方修筑过长城，因此赵雍修筑的这条新长城，也被称为“南长城”。南长城起于代郡，沿阴山西行，最终以高阙为塞，总长度达一千三百余里，相当壮观。

军事专家称，此举在不久的将来定会引起各国效仿，或将创下横亘千古的不朽奇迹。

楚王深陷 地产诈骗案

近日，家住郢都的楚王熊槐捡到了一个大便宜。秦国使者张仪宣称，可以帮助他不费一兵一卒，就占得商於之地的六百里土地，还能娶到年轻美貌的秦国公主，而秦国提出的条件也很简单，楚国只需要解除与齐国的盟约，不插手秦齐之间的战事即可。长久以来，中原各国一直把楚国视为荆蛮之地，楚国也不是真心与齐国结盟，如今面对这么诱人的条件，楚王一下子就心动了。

可就在他准备与张仪合作，换取土地的时候，在秦国工作过的楚国官员陈轸却冲出来阻止他，认为所谓割让土地，只是一场骗局，以他对秦国的了解，张仪这样做，只是为了促成秦齐联合，一同制楚。楚国不如先假意与齐国断交，等确实得到秦国割让的土地后，再做打算。

可此时的楚王已经被利益冲昏了头脑，什么都听不进去，抛下一句：“你可闭嘴少说两句吧！”就仓促做了决定，可后面发生的事却让他瞠目结舌。

“听说张仪回秦国不久就病倒了，割地的事也没了下文，本王以为他是在考验楚国的诚意，于是派人到齐国去把齐王大骂了一顿，以示断交。本王想这回秦国该信守承诺了吧？”

时隔多日，提起这件事，楚王依旧耿耿于怀：“可张仪却回复我们，从来就没有什么六百里，他承诺的是六里！本王的听力还没差到这种份上，难道会分不清六百里和六里不成，这不是纯纯的耍无赖吗？”

冷静下来，楚王才意识到，自己这是被诈骗了。可由于自己的一时冲动，楚国和齐国的关系已经无法挽回，他只能眼睁睁地看着齐国和秦国结盟，楚王表示，此事他绝不会善罢甘休，想诉诸武力，为自己讨个说法。他也奉劝其他国家，提高反诈意识，防火防盗防张仪！

本报提醒 大争之世，人心不古。切勿相信“割地”“嫁女联姻”等说客言论，不贪小利，就不会被骗！

一封来自邺城百姓的感谢信

《历史简报》的各位编辑：

你们好！我这次写信，是想要代表全邺城居民感谢一位好官，他便是新上任不久的邺城令西门豹。

邺城是个偏僻荒芜的小地方，原本就不富裕，巫师和官吏们又闹起了“河神娶亲”的事，每年都要搜刮大量的钱财，用于给河神“办婚礼”，最残忍的是，他们还要选出一位妙龄姑娘，将她放在装饰好的“新房”里，顺水漂走，献祭给河神。

如此一来，老百姓们就更没活路了，纷纷携家带口逃到其他地方去。这下田也没人耕了，地也没人种了，邺城越来越穷，我们的日子也越来越难过。后来我们听说城里来了一位好官，刚一上任就四处打探民风民情，我们赶忙把这件事告诉了他，没想到他非但不管，还要亲自去参加河神的“婚礼”，给河神道贺。我们一听，完了，什么好官，准又是一个糊涂虫！

然而婚礼当天，让所有人都没料到的事情发生了，西门豹没让哭得泪水涟涟的新娘子进“新房”，反而接连把那些害人的巫师和弟子丢到了河里，送他们见河神去了！

西门豹的做法不仅惩治了这些恶人，还让大家看清了“河神娶亲”的真相。现在我们邺城百姓都十分崇拜西门豹，打算和他一起修水渠，开田地，将邺城建设成美丽富饶的幸福家园。

一位普通的邺城老人

男人爱比美？邹忌有话说

见过邹忌的人都知道，邹忌不但是齐国的卿大夫，还是十里八乡有名的美男子，身高八尺，英俊潇洒，就连朝中文武大臣都纷纷表示，和邹子一起上班，对他们的眼睛很友好。可最近，风度翩翩的邹忌却陷入了“外貌焦虑”，因为这事，还吵到了齐王（齐威王）的面前。

据邹忌的家人回忆，那天邹忌穿好朝服，像往常一样揽镜自照，脸上却写满了忧郁之色，还逢人就问：“我美吗？”惊得众人都以为他中了邪，纷纷竖起大拇指，直呼：“美美美！”细一打听才知道，原来邹忌风闻，城北有一位姓徐的美男子，生得风华绝代，美得惊天动地，此人的出现，直接动摇了邹忌齐国第一美男子的地位，让他很是不爽。

众人的安慰让邹忌短暂宽心，可等他真的亲眼见到了徐公，他的想法又发生了一些变化。

“什么？你问我是觉得自己美还是徐公美？”面对我们的采访，邹忌苦笑道，“没得比，简直就是颜值的降维打击。”

不过作为一名睿智的美男子，此事过后，邹忌陷入了反思。为什么明明徐公颜值如此之高，大家却都违心地称赞自己比徐公更美？思考过后，他认为每个人“说谎”的动机都是不同的：邹忌的妻子说他更美，是因为邹忌是她的丈夫，在她的眼中，自己的爱人当然是世上最英俊的人，谁都比不上；邹忌的妾说他更美，是因为邹忌是她的主人，她心中畏惧，不敢有其他答案；而造访的客人说邹忌更美，则是因为有求于邹忌，当然什么好听说什么。

邹忌把这个发现告诉了齐王，并进谏说：“您坐拥方圆千里的大国，据有上百座城池，后宫姬妾们都敬爱您，朝廷的大臣们都畏惧您，周边的国家都有求于您。这样看来，您受到的蒙蔽比我更深，再这样下去，您就快听不到真话了啊！”

齐王听后，深受触动，当即便下令广开言路，把评价的自由还给朝野臣民，让大家畅所欲言。君王不受蒙蔽，耳聪目明，国家自然清明起来，在这种良性循环下，齐国变得越来越强大。

最后，本报编辑们经过激烈讨论后决定，改日定邀请城北徐公来一场专访，替大家看看这个传说中的徐公到底有多美。

第八期
公元前 222 年 12 月 31 日
（本期第 1 版）

▼本期焦点

突发！秦王举鼎砸断腿骨身亡

秦武王四年（公元前307年）八月，据多家秦国媒体报道，秦国新任国君嬴荡在与勇士孟说比赛举鼎时，意外被砸断腿骨，并于当晚医治无效，气绝身亡，年仅二十三岁。

据悉，嬴荡所举大鼎乃是夏禹划分九州时所铸的九鼎之一——龙文赤鼎，传承夏、商、周三朝，是周王室的镇国之宝，屹立在周王畿都城的太庙前，此前从未移动过。秦军攻占韩国都城宜阳后，嬴荡志得意满，命樗里疾率领百乘战车挺进周王都，随后亲临周王太庙，提出要“试举周鼎”。

然而就在他铆足力气，将鼎举过头顶时，血肉之躯还是不堪重负，只听一声惨叫，嬴荡胫骨当场折断，倒地不起，没过多久就去世了。有消息称，嬴荡死后，秦国的大臣们将前往燕国，迎立嬴荡的异母弟弟嬴稷回国即位。

一个新的时代即将开始，嬴稷即位后，秦国和各国之间又将发生哪些惊心动魄的故事？敬请关注本期《历史简报》。

秦赵渑池相会，火药味十足

公元前279年，秦赵两国在渑池举行面对面会晤，就两国前段时间的战争问题进行和谈。

据悉，自公元前282年秦赵战争爆发以来，短短两年时间，秦将白起便势如破竹地攻占了赵国的多座城池，数万赵国士兵在战争中丧生，赵国国力受到重创；与此同时，长时间的对赵作战也分散了秦国的兵力，令其无法对战老对手楚国。因此双方决定各退一步，由双方国君出面，通过外交方式，签订一份令双方都满意的停战协议。

记者现场观察后发现，秦国虽是打着与赵国修好的名义前来会盟，但秦王嬴稷（秦昭襄王）的态度却完全不是那么回事。作为这场战争中占据绝对优势的一方，他神情中的倨傲溢于言表，相比之下，赵王就显得有些唯唯诺诺，气场上输了一大截。

据内部消息，此前赵王就差点因为太过恐惧秦王，不敢前来赴会，最终在大将廉颇的护卫以及蔺相如的陪同下，赵王才鼓起勇气，坐在了这里。与赵王不同，一旁的蔺相如显然沉着冷静得多，毕竟他不是第一次面对虎狼一般的秦王，在不久前的“完璧归赵”事件中，他就让秦王狠狠栽了个跟头。

宴会开始，酒过三巡，秦王渐渐显露出醉态，他抬手对赵王说：“寡人听说赵王喜爱音乐，擅长鼓瑟，那就请赵王为寡人弹奏一曲吧！”赵王不敢不弹，一曲终了，秦国的御史上前记录道：“某年某日，秦王与赵王会饮，令赵王鼓瑟。”

在场所有人都能看出，秦王是通过鼓瑟的方式，有意羞辱赵王，一时间赵王脸都涨红了，但也全无办法。就在这时，蔺相如正色上前，对秦王说：“赵王听说秦王擅长秦地音乐，那就请秦王也为赵王击缶助兴吧！”

秦王听后大怒，当场就要翻脸，可蔺相如没有丝毫退缩，将盆缶推到秦王面前，跪在地上大声道：“现在我距离大王只有不到五步，如果大王执意不肯击缶，我蔺相如就将血溅三尺，死在大王面前。”秦王周围的侍从都吓得拔出了兵器，记者的心也提到了嗓子眼儿，却听蔺相如瞪大眼睛大喝一声，在场众人竟没有一个敢上前的，就连秦王脸上的傲慢都收敛了。

最终，秦王只得敷衍地敲了一下面前的缶，但蔺相如并没有就此罢休，他召来赵国御史，仿照方才秦国御史的样子，高声对众人宣布：“某年某日，秦王为赵王击缶。”

羞辱对方不成反被羞辱，对此秦王君臣都十分不甘心，随即又提出了让赵国割地求和，但蔺相如也半步不让，在数个回合的激烈交锋下，竟没有让秦国占到任何便宜，真正做到了不辱国格。

据悉，在此次外交事件过后，赵国将拜蔺相如为上卿，以表彰其对维护赵国主权和国家尊严做出的杰出贡献。

本报记者 包打听

孟尝君·幸会天下客

编者按

孟尝君田文出身妫姓田氏，是齐国宗室田婴的儿子，齐威王的孙子，受封薛邑，因此也被称为“薛公”。孟尝君身份显贵，和赵国的平原君、魏国的信陵君、楚国的春申君并称“战国四君子”，与其他文官武将不同，孟尝君之所以驰名天下，靠的是“养士”。

据说，孟尝君门下供养着食客几千人，食客们的身份五花八门，有出身高贵的公室子弟，也有被官府通缉的江洋大盗，不分贵贱，只要你有一技之长，就可以到孟尝君家来混一碗饭吃。孟尝君为什么要豢养这么多门客？这些门客又给孟尝君带来了什么？本期《历史简报》，我们有幸采访到了孟尝君本人，请他亲口来向我们揭秘。

记者：薛公您好，我看您方才进门的时候，身后浩浩荡荡跟了一群人，他们都是您的门客吗？

孟尝君：是的，这些人只是我门客中的一小部分，每次出门办事前，我都会从他们之中挑选一些得力助手，为我排忧解难，他们就是我的智囊团。

记者：在这些门客中，有哪位是您特别欣赏的吗？

孟尝君：我欣赏的门客有很多，其中有一位叫冯谖的门客给我留下了极深的印象。

记者：能被您选中，这个冯谖一定仪表不凡吧？

孟尝君：不，正好相反，我第一次见到他的时候，他看上去很是落魄，而且做事荒唐张扬，总是弹着一把破剑，要求我提高他的生活待遇。

记者：一般情况下，老板不是都很讨厌这样的员工吗？您没把他扫地出门，还真是宽容。

孟尝君：我想着他既然敢提要求，一定有过人之处，所以我非但提高了他的待遇，还代他赡养老母。冯谖很是感动，说他一定会报答我，有次我派他去薛地收债，债户们还不上，他就一把火把债券全烧了。

记者：啊？他就是这样报答您的？

孟尝君：当时我也很诧异，但冯谖却对我说，我身居高位，缺的不是那点钱，而且那些债户也确实还不上。所以他烧掉的不过是一叠废纸，为我换来的却是薛地的人心。后来我遭人陷害，被迫返回薛地，惊讶地发现当地的百姓都对我无比敬爱，扶老携幼前来迎接我，我感动得热泪盈眶，这才明白，当日冯谖是用那些债券为我换来了一条退路。

记者：那也是您有此胸怀，换成别人，早就把冯谖扫地出门了。我听说您的门客中，还有一些小偷小摸之徒，您养这些人不是白白浪费钱吗？

孟尝君：我养门客不看身份，只论技能，技能本身就不分高低贵贱。就拿我之前被秦王追杀那件事来说吧，当时我急着要逃出秦国，便向门客们寻求办法，想不到这么关键的时候，那些平日夸夸其谈的门客都不出声了，最后还是在一个会学狗叫的门客和一个会学鸡叫的门客的合力下，我才逃出生天。当时我心中无比庆幸，幸好我没有排斥这些鸡鸣狗盗之徒，不然我恐怕就出不了秦国了。

✲赵国将派遣安国君入齐为人质

为人父母总是为子女操碎了心，王侯之家也不例外。公元前265年，赵太后就遇上了一件难事，为此愁得觉也睡不着，头发又白了几根。记者一问才知道，原来赵惠文王去世后，朝中一直是赵太后掌权，朝政还不是很稳定，秦国便看准时机，乘虚而入，派兵前来攻打赵国，目前好几座城池接连失陷，赵国没有办法，只好向齐国求援。

“齐国对我国使者说，要派兵援助赵国也可以，但必须把长安君送去齐国做人质。这怎么行？长安君可是我最疼爱的儿子，从小到大我连一点委屈都没让他受过，怎么舍得让他到异国他乡为人质？”提到这事，泪水就盈满了赵太后的眼眶，“大臣们都劝我以大局为重，呸，不是他们的孩子，他们站着说话不腰疼。我把话放在这，谁要是再提送安国君到齐国做人质的事，我老婆子就朝谁脸上吐唾沫！”

在得知赵太后的苦恼后，老臣触龙第一时间来到王宫，为赵太后答疑解惑。和其他大臣不同，触龙并没有一味耿直逼迫赵太后，而是先和赵太后拉了一会儿家常，减轻了她的防备，而后用一句“父母爱子，则为之计深远”打开了赵太后的心房。

“触龙对我说，安国君作为我最宠爱的小儿子，身居高位却没有什么功绩，这不是长远之计。一旦我去世了，他该靠什么在赵国立足呢？我慎重考虑了一会儿，觉得他说得很有道理，对孩子并不能一味溺爱，送安国君去齐国，或许才是最好的安排。”

据了解，赵太后已经备好了一百乘马车，安国君不日便将抵达齐国，而齐国也会如约出兵，援助赵国，赵国的危机暂时解除了。

十二岁甘罗将出任秦国上卿

近日，秦国相关媒体称，秦王政将封年仅十二岁的少年甘罗为秦国上卿，如这一消息属实，甘罗有望成为有史以来最年轻的上卿。

据悉，甘罗为秦国已故左丞相的孙子，自幼便聪慧不凡，曾在丞相吕不韦门下担任少庶子。在吕不韦的支持下，他代表秦国出使赵国，凭借自己的智慧，替秦国夺得上谷城池十一座，小小年纪便建立了许多人毕生都无法企及的功勋。为了表彰甘罗的功劳，秦王政将甘罗祖父故去的田宅赐还给他，还破例让他成为秦国上卿，据了解，秦王政登上王位时，也仅有十三岁，很难说这不是少年之间的一种惺惺相惜。

赵括取代廉颇成为赵军主将

公元前260年，秦赵长平之战爆发，就在战事焦灼之际，赵王丹（赵孝成王）却做出来一个匪夷所思的决定：罢免老将廉颇，改用名将赵奢之子赵括为赵军主将。消息一经发出，赵国上下瞬时炸了锅，以下是本报截取的部分相关讨论。

赵王：

本王就是想用赵括怎么了？你们不要看人家小赵年轻，就否定人家的实力嘛，我听说秦国大将听到他的名字都害怕呢。改天我让小赵给你们做一场军事专题报告，你们听了一定会被小赵的军事才能震惊。俗话说，虎父无犬子，想当年他的父亲赵奢就曾在阏与之战中把秦军打得落花流水，赵括已经学会了赵奢的全部战术，相信这一次也一定能打败秦军，拯救赵国。什么？你问本王为什么不任用廉颇？廉颇老将军早年是打过几场胜仗，但现在年纪大了，胆子也小了，面对秦军的攻势迟迟不敢还击，要他何用？还是赵括靠谱！

蔺相如：

大王您糊涂啊！赵括他徒有虚名，只会纸上谈兵，您如果任用他，那就好比用胶把调弦柱粘死了，再去鼓瑟，能发得出声音吗？整个赵国都会葬送在那小子手中的，请您三思啊！

赵母：

虽然我是赵括的母亲，但我也觉得您不可以任用他做主将。我的儿子我最了解，赵括虽然熟读兵法，但他父亲谦虚谨慎、体恤部下的优点，他是一点也没继承，每日只知道夸夸其谈，买田买地，哪里是领兵的材料？如果您执意不听老妇的劝告，等哪一日赵括战败了，希望您不要株连老妇，我就只能劝到这了！

廉颇：

大王，您可千万不要中了秦国的反间计啊！带兵打仗不是那么简单的事情，我之所以高壁深垒、坚守不出，是因为此时的形势还不适合作战，贸然出击只会徒增伤亡，不如利用上党地形优势，进行防守，再伺机反攻，尚有一线取胜的可能。我为赵国打了一辈子仗，死都不怕，怎么会畏惧秦国？请您再给我一次机会吧，我愿意为赵国死战到底！

秦国使者：

赵王真是太蠢了，这么轻易就中了我军的离间之计！全天下都知道，赵括就是个大草包，只有赵王拿他当个宝，看来这场大战我们赢定了。

最新战报：

赵括担任主将后，全盘更改了廉颇制定的军事部署，将兵将军吏都换成了自己人。与此同时，秦军也更改了主将，秦王秘密任命白起为上将军，奇袭赵军，诱敌深入，断绝了赵军的粮道，致使赵军内部大乱，赵括也被秦军射杀。最终赵国大败，四十余万赵国士卒惨遭坑杀。

★第一届“诸子百家杯”辩论大赛圆满落幕

近日，第一届“诸子百家杯”辩论大赛在山清水秀的濠水之畔展开，吸引众多辩论爱好者前来围观。这场辩论赛的正反两方都是声名远扬的当世名家，正方为道家“逍遥派”的代表人物庄周，反方为以能言善辩见长的名家鼻祖惠施，双方围绕“人能否知晓桥下鱼儿的快乐”这一辩题展开了精彩的辩论。

辩论一开场，惠施便对庄周抛出关键一问：“你又不是鱼，哪里能知道鱼的快乐呢？”对此庄周从容应答：“按照你的逻辑，你又不是我，怎么知道我不知道鱼的快乐？”短暂的错愕后，惠施很快理清了思路，反击道：“我不是你，固然不知道你知不知道鱼的快乐，但按照这个逻辑反推回去，你不是鱼，所以你也不知道鱼的快乐，难道不是吗？”周围的观众们已经被绕迷糊了，可庄周依旧思路清晰：“可是你回过头想想，你既然问我‘你哪里能知道鱼的快乐’，就是建立在‘我知道鱼的快乐’的前提下，才有此一问。至于你问我从‘哪里’知道鱼的快乐的，我就是在我们脚下的这座桥上知道的呀。”

由于这场辩论的思路太过复杂，就连在场的评委也无法在短时间内判定胜负。有人认为应该算庄周赢，因为他将惠施辩得哑口无言，结束了这场辩论；但也有人认为庄周的最后一句话是诡辩，是在玩文字游戏。各位读者是怎么看的呢？欢迎给本报来信，说说你的想法。

★燕王为臣子筑起“黄金台”

连日来，燕国都城尘土飞扬，施工不断，经记者调查，这是因为燕王计划为自己的老师郭隗修建一座华丽的宫台。尊师重道固然是好风气，不过眼下七国混战，燕国作为夹在其中的小国，久经内乱，本就贫弱不堪，为一臣子如此大兴土木，是否有些欠考虑？带着民众关心的这一问题，我们采访到了燕王姬职。

姬职是一位年轻稳重的国君，从即位起，他便下定决心要励精图治。他说：“我为老师郭隗筑起宫台，为的并不是个人享受，而是让天下贤士看到我们燕国对人才的态度。老师曾经给我讲过一个故事，古时有一位国君曾经花千金购买千里马的马骨，不出一年，他就得到了好几匹千里马。我愿意效仿这位国君，向各国人才敞开大门，也欢迎士人来燕国大展拳脚。”

果然，燕王的这座“黄金台”还没有修完，各国的人才便纷纷闻风而动，前来求职，其中就包括军事人才乐毅、阴阳家宗师邹衍，相信在燕王和这些人才的共同努力下，燕国一定能迅速强大起来。

苏秦上演六国版《谍中谍》

近日，第二十届“诸子百家飙戏大奖”颁奖典礼在齐国都城临淄举行，来自儒、墨、道、法的各界名流悉数亮相，各自派出代表，角逐影帝之位。令人意想不到的是，最终斩获“终身成就奖”的，竟然是一位名叫苏秦的冷门选手。

更让人瞠目结舌的是，代替苏秦领奖的燕国使臣竟当众宣布，这位荣获大奖的“影帝”已不在人世。

也许很多观众并不熟悉苏秦这个名字，他与在秦国搅弄风云的张仪一样，都来自一个神秘而强大的组织——纵横家，他们的师父便是传说中的高人鬼谷子。苏秦出身草根，早年曾游历各国，屡屡碰壁，饱受冷眼，为了改变外界对自己的看法，他痛定思痛，悬梁苦读，终于苦心揣摩出一套足以游说各国君王的纵横之术，配合精湛的演技，从此走上了飞黄腾达的道路。

已故的燕文侯和燕易王都曾多次赞扬苏秦的演技："苏秦口才一流，目光如炬，曾多次拯救燕国于危难之中，实在让人钦佩。"

就连屡屡被苏秦"忽悠"的齐湣王也对他不吝溢美之词："虽然寡人提起苏秦就生气，不过提起他的演技，寡人还是佩服的。还记得当日他在宴席上遇刺，重伤之际竟拉着寡人的手，让寡人在他死后，以'为燕作乱于齐'的名义，将他当众车裂，以擒拿凶手。令寡人意想不到的是，他这个方法竟然真的成功了；令寡人更想不到的是，后来寡人一查，他居然还真的是燕国的间谍！什么叫'谍中谍'，苏秦这是在用生命当戏精啊！"

此言一出，各大诸侯国也纷纷开始反思，自己这些年多多少少好像都被苏秦的演技蒙蔽过。不过这正说明苏秦的台词好，演技佳，毕竟身处战国，谁还没有两副面孔呢？

楚国上蔡爆发鼠患

据楚国新闻社最新消息，近期楚国上蔡郡街头老鼠横行，啃食粮仓，传播瘟疫，给当地民众带来了很大困扰，官府已采取有力措施，有望在短时间内控制鼠患蔓延。为了进一步了解鼠患给普通百姓生活带来了怎样的影响，本报记者走上上蔡街头，对路人进行随机采访，问问他们对老鼠泛滥一事有什么看法。

热心民众李斯告诉记者，这些老鼠带给他的冲击简直不能再大，几乎改变了他的人生走向："我是上蔡郡的一名小吏，既没本事也没背景，每天都过着庸庸碌碌的生活，也不奢望人生有什么改变，直到我遇到了这些老鼠。"李斯通过观察发现，明明都是老鼠，可茅厕中的老鼠却只能靠啃噬便溺物为食，饿得瘦瘦小小，见到人就吓得慌不择路，四处躲藏；而粮仓中的老鼠则不然，因为粮食充足，每一只都吃得肥肥大大，也不用忙着躲避人类。

"这两种老鼠的境遇给了我很大启发，原来一个人是否能成功，是由他所处的环境决定的。想通了这一点后，我立即辞掉了小吏的工作，报名了荀卿人才培训班，相信凭借努力和良好环境的熏陶，我一定能做出一番惊天动地的大事业！"

虽然李斯关于老鼠的论证，似乎有些偏离了我们采访的主题，但他对环境深刻的思考和眼中跃动的斗志还是打动了我们，在此我们衷心希望上蔡的鼠患早日终结，也祝愿李斯逐梦成功。

惊掉下巴！

郑国渠总建筑师真实身份●●●

天下之大，无奇不有，为千秋万代造福的水利工程师竟然是敌国间谍，你听说过这样的事吗？近日，秦国廷尉就审理了这样一起特大跨国间谍案。经审理查明，被告人郑国，男，于公元前237年受韩王委派，前往秦国实施"疲秦之计"，通过兴修大型水利工程，消耗秦国的人力国力，使之无暇东顾，让命悬一线的韩国获得一丝喘息，但就在工程即将竣工的时候，郑国的间谍身份却被揭破了，他也因此入狱。

对于秦国的指控，郑国供认不讳，但他表示，秦国一统天下已是必然趋势，自己从事间谍活动，只是为了替韩国延续几年寿命，但这项水利工程一旦建成，却会为秦国建下万世之功。届时，这条郑国渠将引泾水向西，灌溉关中地区的盐碱地，改良土壤，让贫瘠的关中平原变为沃野良田，造福百姓。秦王嬴政在深思熟虑后，采纳了郑国继续施工的建议，不日后，郑国渠就将竣工，不知道作为间谍的委派方，此刻韩王是何心情。

第九期
公元前 208 年 12 月 31 日
（本期第 1 版）

千古一帝
工作忙不停

六国统一大业刚刚完成，秦始皇嬴政又马不停蹄地投入新王朝的建设中。

作为“上班”制度的发明者，嬴政在对朝臣的管理上，可是很有一套。他先是给自己创造了一个史无前例的“皇帝”称号，而后又制定了严格的三公九卿制和郡县制，不管是在中央任职的“三公”“九卿”，还是在地方任职的郡守、县令，都由皇帝直接任命，不准世袭，这样便有效地提高了官员的质量。

为了强调自己至高无上的正统地位，嬴政还专门率领文武百官，前往东岳泰山，筑土为坛，举行封禅大典，将自己改朝换代的大事报告给上天，并命丞相李斯在泰山顶的巨石上刻下碑文，以告功成。

与此同时，嬴政也将一些制度改革和基础建设提上了日程。新时代下，都有哪些规章制度需要革新？修长城、盖皇陵、筑阿房宫，如此大兴土木的意义又是什么？敬请关注本期《历史简报》。

本期焦点

震撼！带你走近秦长城施工现场

作为有史以来最大规模的工程项目，万里长城的修建，具有跨时代的重要意义。兼并六国后，始皇帝陛下派遣蒙恬率三十万大军，北逐匈奴，大获成功，但陛下并未因此自满，他果断下令，将在临洮和辽东郡之间修建起一座雄伟的长城，将蠢蠢欲动的匈奴人挡在长城以外。

此时，长城施工现场热火朝天，我们可以看到，从全国各地征调来的近十万名农夫在井然有序地劳作着，他们搬运着沉重的石料，穿梭在崎岖陡峭的山路上，挥洒着辛勤的汗水。长城工程的总负责人告诉我们，长城不是随便修的，从选址到设计，都有严格的标准，他们遵循“因地制宜”的原则，将所有的城关隘口都设置在地势险要的山谷，以达到“一夫当关，万夫莫开”的目的。

在谈及长城工程是否为秦始皇首创的时候，他诚恳地回答：“其实早在天下一统前，秦国、赵国、燕国就曾在境内修筑过自己的长城，不过这样大规模地将所有长城连接到一起，还是第一次。”当被问到最近被热炒的“孟姜女哭倒长城”的工地事故传闻时，他严正表态，从没听说过此事，这或许是六国残余势力在有意制造舆论，大秦修筑的长城十分坚固耐用，不存在被泪水冲塌的可能。

本报记者 包打听

即日起，这些标准都要严格统一

近日，秦始皇嬴政接连颁布多条诏令，印发了《关于进一步规范度量衡的通知》《关于国家统一铸币的通知》等文件，要求一改六国旧制，严格统一文字、度量衡、货币和交通标准，做到“书同文、车同轨”。

诏令规定，简化文字，将官方文字统一为小篆；以原秦国的度、量、衡为单位标准，淘汰五花八门的六国度量衡；严禁私人铸币，由国家按照标准重量统一铸币；以咸阳为中心，修建三条驰道，形成帝国交通网络，将车辆的车轨距离一律改为六尺，以便各种车辆在道路上通行无阻。

自通知下发之日起，大秦官民都必须按照以上标准严格实行，逾期拒不更改的，将按秦律对相关责任人进行严厉惩处。

吕不韦：在下只是一名普普通通的生意人

秦始皇一统天下，有一个人功不可没，他便是卫国的大商人吕不韦。关于此人，民间评论褒贬不一，有人说他是秦王朝的重要缔造者，地位可与秦始皇比肩；也有人说，此人不过是个投机政客，耍了一些见不得光的手段，才坐上了秦国相邦的位置。也有传言称，吕不韦之所以能建立如此了不起的功业，是因为祖上基因优良，据小道消息称，他乃是姜太公的第二十三世孙……到底哪种说法才是可信的？吕不韦究竟是个什么样的人？让我们来听听他本人的自述吧。

什么“仲父”，什么“姜太公”后人，我只是一名普普通通的生意人罢了。

我出生于一个商贾之家，从小见得最多的，就是买进卖出，交易往来。耳濡目染之下，我很快掌握了经商的本领，也由此积累了不菲的家财，成为阳翟的富豪。在我们这个时代，商贾虽然拥有钱财，社会地位却十分低贱，尤其是商鞅变法后的秦国，更是将商贾视为末流。如果能做一笔大买卖，让我一介商人在这样的秦国走上人生巅峰，想想就是件美事啊！

偏巧就在这时，上天赐给我这样一个机会，让我遇到了秦国送到赵国的质子——嬴异人。当时我到邯郸去做买卖，只是在人群中远远望了异人一眼，就知道自己捡到宝了，这家伙出身高贵却处境潦倒，身处异国他乡常常被欺负的样子，活脱脱就是个潜力股，只差把“奇货可居”四个字刻在脑门上了。我当即决定，把宝押在他身上，拿出万贯家财，捧他做秦国的未来继承人。也许你会觉得我的所作所为过于市侩，不像个伟人的样子，哎，谁让我本来就是个生意人呢？

我打探到，秦国太子安国君的妻子华阳夫人没有子嗣，而嬴异人最缺的就是一个给力的娘，于是我从中牵线搭桥，让他改名子楚，做了华阳夫人的养子。事实证明，我押对宝了，没过多久，安国君就继承了王位，也就是秦孝文王，子楚子凭母贵，顺势成了太子。短短一年后，孝文王突然暴毙，子楚顺利完成身份三级跳，成为新任秦王，而我这个幕后推手也不是白当的，子楚为了感激我，任命我做了秦国相邦，还将河南洛阳的十万户食邑都分给了我，这桩大买卖我算是赚得盆满钵满了。

什么，你问子楚的儿子嬴政和我到底有没有血缘关系？可就此打住，这种小道消息不好乱传。如今我一人之下，万人之上，其他的也不敢多想了，我知道嬴政这孩子目光远大，日后必成大业，而能老老实实地继续做一个生意人，养养门客，编编《吕氏春秋》，我就已经很满足了。

作者系秦朝现任相邦　吕不韦

「高渐离击筑，意在秦始皇？」

音乐背后暗藏杀机

近日，始皇帝遇刺的消息以惊人的速度引爆了舆论，整个天下都随之炸了锅。对此，有人感到惶惶不安，感叹皇帝在宫中都能遇刺，真不知道天下还有哪里是安全的；也有六国的旧贵族暗中窃喜，认为这或许是颠覆新王朝的契机。但所有人都在好奇一件事，究竟是哪位勇士竟敢在天下一统后，行刺这位攻灭六国的强大帝王？

据知情宫人透露，此人名为高渐离，早年曾在燕国市井屠狗为生，燕亡后隐姓埋名，潜入宋子城中给人家做帮佣，后来因为击筑技艺高超，被始皇帝召入宫内，在御前演奏。而他的真实身份，正是荆轲的至交好友，他之所以进宫，就是想替友人复仇。

提到荆轲，大家应该都不陌生，他便是当年轰动一时的刺秦事件的主谋。传闻此事曾给皇帝陛下留下了不小的心理阴影，既然如此，他又怎会放任高渐离来到自己身边？莫非他不知道对方的真实身份？

"陛下一早就知道那个击筑人是高渐离了，但陛下实在惜才，不忍心杀掉这样一位杰出的音乐家，就命人熏瞎了他的眼睛，料想他双目已盲，就没本事行刺了，而后才将他留在宫中做了乐师。"宫人回忆道，"想不到这人心性如此固执，竟然在筑中灌满了铅，待到靠近陛下时，用筑猛砸向陛下。这哪里砸得到呢？高渐离被处死后，陛下变得更加多疑不安，再不肯让任何一个来自六国的人靠近了。"

据传，高渐离的刺杀计划虽然没有成功，但鼓舞了一大批想要向嬴政复仇的六国人，他们摩拳擦掌，开始制订新的刺杀计划，恐怕皇帝陛下今后的日子不会太安生了。

重金悬赏

始皇帝二十九年（公元前218年），天子东巡途经博浪沙时，所乘座驾副车被百二十斤铁锥击中，还好天子当时搭乘的是另外一辆备用车，这才幸免于难。天子震怒，下令缉拿行刺者及其同伙，如有提供线索或禀报去向者，赏黄金千两。

咸阳城廷尉府

芒砀山泽间出现一伙神秘人

近日，有多位村民反映，在芒山和砀山的山泽间时常有怪人出没，昼伏夜出，行踪不定，十分诡异。据目击者描述，这伙怪人皆为男子，身材强壮，但总是神色慌张，一有人经过就会匆忙躲起来，似乎是在躲避追查。有人怀疑，这是一伙逃兵，还有人猜测，这是六国的叛乱分子，他们隐匿在山间，是为了等待时机，积蓄力量，一举推翻朝廷。

为了了解事实真相，记者蹲守在芒砀山间多日，终于在凌晨时分，捕捉到了这伙人的踪迹。原来这伙人来自泗水郡，本来是要被押去骊山服劳役的，但途中徒役们逃掉大半，押送他们的亭长刘邦一想，就算到了骊山，他们也要被处死，便索性将剩下的人也连夜遣散了。

“刘亭长因为我们成了朝廷的通缉犯，我们也不能这么不讲义气，丢下他就跑。这些日子，我们追随刘亭长，隐匿在山泽间，一边躲避官府的追踪，一边寻找出路，不料还是被人发现了。”一位壮士告诉我们。

据了解，这段时间他们还见证了一件奇事。就在他们决定逃亡的那天夜里，有人在山路上看见了一条通体白色的巨蛇，众人都吓得不敢动弹，还有人提议原路返回，但刘邦却毫无惧色，大步上前，“锵”地拔出剑来，将巨蛇一剑斩成两段。后来，有人在路边遇到一位啼哭不止的老妇人，问她为什么哭，她说自己的儿子乃是白帝之子，化成一条蛇，卧在道路当中，却被赤帝之子杀死了。说完就消失不见了。

“我们听说这件事后，都觉得十分不可思议，之前就有人为刘亭长相面，说他气度不凡，虽为布衣，却有贵人之相，还有人说他所在的地方有天子云气。如果他真的是赤帝之子，那就说得通了，我们跟着赤帝之子，准能做出一番大事业！”

据悉，刘邦斩蛇的奇闻传开后，越来越多的人从沛县赶来投奔他，刘邦的队伍日渐壮大，已初具规模。

寻人启事　徐福去了哪里

徐福，男，齐地琅琊郡人，方士。公元前219年，徐福奉始皇帝陛下之命，带童男童女数千人，乘大船入海寻访蓬莱、方丈、瀛洲三座仙山，为始皇帝陛下求取不死之药，至今未还，行踪成谜。

如有知其下落或能提供有效线索者，请速与当地官府取得联系。对提供线索者，秦廷将给予高额赏金。

突发！秦始皇驾崩，秦二世即位

公元前210年×月×日，秦廷发布讣告，称秦始皇嬴政已于当日在咸阳宫中去世，享年五十岁，根据始皇帝遗诏，将册立太子胡亥为新任皇帝，是为秦二世。

讣告一经发出，随即引来各方质疑。众所周知，始皇帝生前最属意的继承人乃是皇长子扶苏，而非十八子胡亥，为何会在临终前骤然更换储君人选？对此，始皇帝亲随宦官赵高给出的解释是，公子扶苏曾公然反对“焚书坑儒”一事，触怒了皇帝陛下，因此被发配至上郡，随大将军蒙恬修筑长城。沙丘巡游途中，公子胡亥全程服侍始皇帝左右，深得陛下欢心。相较之下，陛下更觉公子扶苏不孝，因此才在弥留之际，写下诏书，历数扶苏、蒙恬罪过，责令其自杀，册立胡亥为太子。

显然，这一说法漏洞百出，并且只是赵高的一面之词，难以取信于众。更有相关人士做出大胆猜测：立胡亥为帝一事，从头到尾就是赵高和丞相李斯策划的一场惊天阴谋，根据种种蛛丝马迹可以判断，公子扶苏和蒙恬都是被他们害死的。

还有目击者称，当日自己曾偶遇始皇帝车驾，意外闻到了一股冲鼻的恶臭，周围的宫人解释说，这是随驾鲍鱼散发出的臭味，为何御驾旁会有大车的鲍鱼？赵高是否想借此掩盖什么？始皇帝的真实死亡日期到底是哪一天？赐死公子扶苏的诏书是否真为始皇帝所写？沙丘之行谜团重重，值得深入调查。

关于近期民间不实传闻的澄清公告

告全体臣民：

日前，民间流传着现任皇帝皇位来路不正、蓄意谋害公子扶苏等不实传闻，秦廷现做出严正声明。

册立公子胡亥为太子和赐死公子扶苏的诏令，皆出自始皇帝亲笔，遗诏由中东府令赵高全程保管，无任何伪造痕迹，此事丞相李斯也可以做证。始皇帝驾崩后，太子胡亥按律继承皇位，此举合理合法，请大家切勿信谣传谣，动摇社稷根本。如有不听劝告，执意胡说者，将根据秦律以谋反罪论处，特此声明。

秦廷官方发言人 赵高

声明发布后，舆论非但没有平息，反而愈演愈烈，关心此事的相关民众纷纷表示，大家都不是瞎子，希望赵高等人早日停止这种指鹿为马的行为，还大家一个真相。

大泽乡怪事频发

鱼肚子里惊现离奇谶言

蕲县大泽乡发生了一桩怪事，一到后半夜，古庙附近就会莫名燃起篝火，还有不少人表示，自己曾在丛林深处听见过狐狸的啼鸣声，诡异得很，那啼声隐隐像是在说什么“大楚兴，陈胜王”。

有人传言，这是庙里的狐狸精在作祟，也有人议论，此乃天意，预示着秦朝的统治已经走向末路。令人啧啧称奇的是，刚巧在大泽乡的众多服役戍卒中，就有一个名叫“陈胜”的壮士，这难道是巧合吗？为了探究真相，本报记者专门采访了几位事件的亲历者，来听听他们都是怎么说的。

“这事是我亲眼所见，绝对错不了！”戍卒小甲回忆道，“当时大伙困在大泽乡，都饥肠辘辘的，我去买了条鱼，打算煮着吃，结果你猜怎么？那条鱼肚子被剖开后，里面竟然塞着一卷帛书，打开一看，上面的字血红血红的，赫然写着‘陈胜王’三个大字！这不是天意是什么？”

小甲告诉我们，当时他们九百多人都被派到渔阳去戍守，不承想半路上天降大雨，将他们困在了大泽乡。根据秦律，这种情况下他们这些人一个也活不了，一时间人心惶惶。

就在这时，作为他们的领头人，陈胜和吴广突然提出：“这种情况下，大家逃也是死，造反也是死，为什么不联合起来做一番大事业呢？”起初，大家还有些畏惧踌躇，但这些怪事发生后，大家逐渐改变了想法。

一想到有上天做靠山，他们心里就不慌了。于是戍卒们杀死了押送他们的校尉祭天，一举攻破了蕲县，高喊着“王侯将相，宁有种乎”，走向了反抗秦王朝的征途。

经过记者的秘密走访，却发现此事背后似乎另有隐情。一名不愿意透露姓名的占卜者告诉我们，在举事之前，陈胜、吴广曾私下里来找过他，让他帮着算一算吉凶。

“我一看这两个人，就知道他们非池中物，听说当年陈胜在给人家耕田的时候，就曾感叹过‘燕雀安知鸿鹄之志’，有这样的志向和豪情，何愁大事不成？”占卜者说，“但他们要做大事，舆论也很重要，名正才能言顺，所以我暗示他们‘为什么不问一问上天呢？’”

据此推测，想必陈胜、吴广就是听了占卜者的话，才自导自演了这些闹剧，他们假借公子扶苏和楚国大将项燕的名义起事，也是一样的道理。原来并不存在什么天意谶言，这一切都是他们为了鼓舞人心，使用的障眼法罢了。

史上最难求职季

公元前209年，对于广大求职者而言，可能是最艰难的一年。就算你躲过了严苛的戍徭，没被抓去修皇陵和阿房宫，各地的战火又席卷而来，秦二世昏庸无道，拖家带口逃难的老百姓挤满了道路。在这种大环境下，想要找到一份好工作，建功立业，简直难如登天，走在街上，到处都能听到各种关于找工作的吐槽。

刘邦

家住沛县的刘邦向我们抱怨："这年头想要找一份体面的职业太不容易了，家中老父让我踏踏实实务农，可是现在赋税这么重，年景又不好，辛辛苦苦种了一年的田，最后连饭都吃不饱，还哪有出头之日？前段时间我老丈人托关系，给我寻了份亭长的差事，怎么也算份公差，可我还没高兴几天，就被派去押送徒役去骊山，一路上徒役们死的死，逃的逃，恐怕等到骊山就没人了。为了保命，我索性放弃了这份工作，现在亡命天涯，明天能不能活着都是个问题。唉！"

韩信

淮阴的求职者韩信也说："我自小家里穷，没有做官的资格，又不擅长经商，为了糊口，只能在乡间蹭吃蹭喝，搞得现在大家看到我都绕道走。可我也不想这样啊！想我韩信，空有一身武艺和韬略，却苦于无处施展，就连街头的小混混都能欺负我，让我从他胯下钻过去，这是何等奇耻大辱？可我忍了，我相信是金子总会发光的，我一定会坐上高位，扬名立万，让所有人都对我刮目相看！"

萧何

针对这种"求职难"的窘境，我们专门采访了拥有多年猎头经验的资深HR萧何。萧何表示："乱世是挑战，也是机遇。能在大风大浪中依旧保持良好心态，找准机会，努力攀登的人，往往更容易创造一番大事业。据我所知，眼下六国旧势力都在蠢蠢欲动，各方都在暗中招募政治、军事方面的人才，正是翻身的好机会，就看各位求职者能不能抓住了。方才那位姓韩的小伙子我看就不错，目光如炬，有封侯之相，待会把他的联系方式给我留一下。"

第十期
公元前 202 年 12 月 31 日
（本期第 1 版）

▼本期焦点

秦朝为何如此短命

公元前207年，咸阳城大门敞开，一道素白的身影进入人们的视线。只见他身穿丧服，脖子上系着绳子，手中捧着刻有“受命于天，既寿永昌”八个字的传国玉玺，搭乘一辆由白马拉着的素车，缓缓而来。

这人不是别人，正是秦国的最后一位统治者——秦王子婴，他把自己打扮成这样，并不是来给谁送葬的，而是来出城献降的。可能就连秦始皇自己都想不到，他在公元前221年建立的大一统王朝，会在短短十几年后，就画上了句点。

秦二世登基后，秦朝的政局都发生了哪些变化？当年席卷六国的强秦，为什么会在短短十几年间，就走向灭亡？

本期《历史简报》将为您详细揭秘秦朝灭亡的真相。

安民告示

为安定民心，消除广大百姓对义军的恐惧，

本人在此特与三秦父老约法三章：

一、杀人者死；

二、伤人及盗窃者抵罪；

三、废除所有秦法。

即日起生效，各级官吏须严格执行，不得有误。

立约人：刘邦

是谁毁掉了大秦帝国

本报发起该话题后，立即在民间引起了热烈讨论，短短几天时间内，编辑部就收到了几百封相关来信。读者们在信中各抒己见，表达自己对秦朝二世而亡的见解，我们选取了其中几封具有代表性的来信，刊登在本版，供大家阅读探讨。

信件一：

那还用问？毁掉秦朝的当然是大奸臣赵高了。

大家都还记得指鹿为马的事吧？当年赵高矫诏立胡亥为帝时，就已经存了造反的心思，但他唯恐朝中大臣不服，竟然想出了一个十分奇葩的方法，来测试大臣们的忠诚度。

某天，他牵着一头鹿，来到秦二世面前，一本正经地告诉秦二世：“陛下，这是一匹马。”秦二世虽然荒唐了点，但既不傻也不瞎，当即就笑着说：“丞相别跟朕开玩笑了，这明明就是鹿，怎么会是马呢？”赵高见势便询问下面的朝臣，他们怎么看。朝臣们面面相觑了好一会儿，有的默不作声，有的顺着赵高说“这是马”，还有的大臣比较耿直，坚定地说“这就是鹿”。没过多久，说是鹿的大臣就都被赵高害死了。又过了一段时间，赵高完全把控了朝政，干脆派人把秦二世也杀死了。

大家想想看，如果不是赵高先害死了公子扶苏，又在朝中倒行逆施，秦朝怎么会这么快就走向灭亡？

信件二：

我认为，秦朝之所以亡得这么快，主要还是对手太强大了。

你们看一看双方阵容，反秦义军中文有萧何、张良，武有项羽、韩信，打起仗来基本上全无短板；而秦朝这边最能打的蒙恬，已经被自己人害死了，他手下的几十万大军逃的逃，散的散，剩下的那些秦国兵将，也并非全然效忠秦二世，秦国军队人数虽多，不过是一盘散沙。再加上六国刚刚被消灭不久，各国残余势力都蠢蠢欲动，要是秦始皇在世，或许还镇得住，可秦始皇一死，这些势力便如同被焚烧过的野草一样，春风吹又生了。四面八方都是揭竿而起的起义军，秦廷就算想派兵镇压，又怎么镇压得过来？

信件三：

我和他们的看法都不一样，我认为族秦者秦也，非天下也。

自秦孝公时代开始，秦国就制定了严苛的刑法，人民只要犯一点小错，就有可能被施以重刑；就算没有犯罪，也有可能因为亲友或乡邻犯罪，遭到连坐。这种制度在早期确实推动秦国走向了富强，但随着天下一统，六国也被纳进秦国版图，这些严刑峻法就显得不合时宜，不利于稳定了。再加上秦二世昏庸无道，不仅用活人殉葬，还在国内大兴徭役，为了自己的奢侈享受，无休止地剥削人民，老百姓不堪忍受，只能揭竿而起。哪里有压迫，哪里就有反抗，这是历史的必然。

项羽：战神竟是差等生

让小编来看一看，多少读者订购本期报纸是为了蹲男神项羽的专题采访？你们这点小心思，早就被《历史简报》狠狠拿捏了。不过你们知道吗？就算是百战百胜的西楚霸王，也有过一段不堪回首的“差等生”岁月？这又是怎么回事呢！就让项羽本人来讲给大家听吧。

记者：项王您好！百闻不如一见，您果然比传说中的还要威风凛凛。

项羽：废话少说，别以为我不知道，你们上来就要挖我的黑历史。

记者：嘿嘿，被您猜到了，这条小道消息还是您的叔父项梁早些年透露给我们的呢。他说您小的时候不管是读书还是学剑都没有耐心，气得他恨不得吐血三升。请问这是真的吗？

项羽：哼，那是我不愿意学。会读书使剑算什么本事？读书只能用来记记人名，学剑只能和一个人对敌，我身为楚国贵族，肩负着复国重任，要学就学万人敌！

记者：如此豪气干云，不愧是您！可您既然有如此高远的志向，为什么会甘心在楚怀王手下，听从他的指挥呢？

项羽：什么楚怀王？不过是一个放羊的罢了，他也就身上的那点楚王血脉还有点价值。要不是范增师父说，我们只有拥立一个楚王的后代，才能最大限度地顺应民心，积聚反秦力量，我才不会把他放在眼里呢。

记者：原来如此。那您杀死您的顶头上司宋义，又是因为什么呢？

项羽：不是我想杀他，实在是他欺人太甚。当时，楚怀王派我和他一同率五万大军，前去援救被齐军围困在巨鹿的赵国军队，情况紧急，可那个宋义却迟迟不肯发兵，外面下着大雨，士兵们心急如焚，我冲进营中找他理论，却发现他正在里面饮酒作乐，大宴宾客。你说这样的上将军，要他何用？

记者：所以您就杀了他？

项羽：没错，他一见我就开始叫嚣，说什么冲锋陷阵他不如我，但运筹帷幄我不如他，还在军中下令说但凡有“猛如虎，狠如羊，贪如狼，不服从命令者”，一律处斩。这明显是在嘲讽我，所以我一气之下，就砍下了他的脑袋，而后诏告全军：“宋义谋反，楚王密令我杀了他！”

记者：看来您心中已有必胜的决心了。

项羽：那是自然，兵贵神速，磨磨蹭蹭像什么样子。处死宋义后，我当即率领全军渡河，前去营救赵国。渡河后我做的第一件事，就是下令让饿了好多天的士兵们美美地吃上一顿饱饭，再带上三天的干粮，准备好这一切后，我就让他们把来时的船全部凿毁，再把做饭的锅全部砸破。

记者：啊？这又是什么操作？把锅凿破，不就没有饭吃了吗？把船凿毁，这么多人该怎么回去？

项羽：这你就不懂了，要的就是这个效果。论装备和兵力，我军远不如秦军，只有破釜沉舟，让士兵们没了退路，他们才能彻底消除退意，奋勇杀敌，发挥出最强的战斗力，这叫置之死地而后生。

记者：看来您果然学到了兵法的精髓，成为真正意义上的“万人敌”。

吃饭也能吃翻脸？酒后动手不可取

近日天干物燥，人心浮动，口角之争时有发生。这不，就在新丰鸿门的楚军大营里，两伙人本来好好吃着饭，忽然拔剑相向，差点就酿成了血案。这是怎么回事呢？

原来，刘邦和项羽这对死对头互相看不顺眼很久了，当初双方约定好，先破秦进入咸阳的就能称王。项羽这边与秦军交战，节节胜利，本以为咸阳必定会被自己收入囊中，怎料刘邦耍了个心眼，提前改道，抄了个近路，抢先占据了咸阳。这下项羽可不干了，没等刘邦屁股坐热乎，就被项羽的四十万大军赶出了城，驻军灞上。就在这时，刘邦的下属曹无伤也叛逃到了项羽军中，一通煽风点火，项羽当即对刘邦起了杀心。

好巧不巧，项羽这边也有内鬼，他的叔父项伯和刘邦营中的张良有私交，连夜给刘邦送去了消息，又在项羽面前为刘邦说好话，这才促成了这场鸿门宴。

当日，刘邦与张良一同来到楚军大营谢罪，哄得项羽飘飘然，也不再那么仇视刘邦了。这可急坏了谋士范增，他几次举起玉玦示意项羽斩草除根，可项羽视而不见，逼得范增使出了杀手锏，派出项羽堂弟项庄舞剑助兴，实则是想找机会杀掉刘邦。项伯在一旁看出了范增的用意，也上前舞剑，用身体保护刘邦。刘邦坐在席间，留也不是，逃也不敢，场面一时十分尴尬。

幸好此时刘邦手下的调解专家樊哙上线了，他用豪迈的吃相和直爽的言谈打动了项羽，张良又趁机放走了刘邦，稳住了项羽，这才避免了一场血光之灾。不过据知情者透露，这顿饭吃完，刘邦倒是没怎么样，倒是范增的高血压被气犯了，可见给项羽打工，也不是容易的事。

成语溯源

作壁上观

成语“作壁上观”出自《史记·项羽本纪》。巨鹿之战中，项羽破釜沉舟，楚军战士皆舍生忘死，以一当十，呼声震天。各路前来援赵的诸侯军见楚军声势如此浩大，都只敢在自己的营垒上观望，不敢出战。楚军打败秦军后，这些人见到项羽，也无不膝行上前，没有敢仰视他的。这场战役后，项羽成为诸侯军的核心领袖。

后来，这个成语多被用来比喻在一旁观望，不给予帮助，含贬义。

项羽自封西楚霸王

本报讯 为庆祝反秦斗争取得圆满成功，近日，项羽在咸阳城中大摆庆功宴。席间他表示，眼下的当务之急是解决迁都和封地这两件大事。正所谓“富贵不归故乡，如锦衣夜行”，如果不带着珍宝美人浩浩荡荡回江东，怎么彰显他项羽的威名？至于分封诸侯一事，就更加重要。天下是诸将披坚执锐从暴秦手中抢过来的，如今天下已定，土地自然也该人人有份。为此，他专门制定了一份封侯名单，将反秦战役的有功将领们全部封为王侯，又为他们一一分配了封地，就连没有任何实质性功劳的楚怀王，也被他尊封为“义帝”，安排好众人后，项羽也不忘自立为“西楚霸王”。

然而就是这份看似公允的封侯名单，却引来了诸多不满。很多人都认为，项羽目光短浅，自私自利，看似是在大封诸侯，实则全是在为自己盘算。其中意见最大的要数被封为汉王的刘邦，作为第一个进入关中的将领，他非但没能享受到应得的待遇，还被分封到了偏远的巴蜀、汉中一带，想想就一肚子气。刘邦发誓，这笔账他早晚要找项羽讨回来。

刘邦 vs 项羽？谁才是你心中的关中王

项羽分封诸侯后，昔日楚怀王“先入定关中者王之”的约定，已经成为一句空谈。不过关于此事的讨论却并没有结束。近期，有匿名用户在某平台发布了“谁才是你心中的关中王”投票活动，借此机会，三秦百姓纷纷表达了自己的看法，现截取部分评论如下。

@盖世英雄的七彩祥云：

当然是项羽更有资格做关中王了，刘邦就是个市井流氓嘛！明眼人谁不知道，楚怀王名为义军的“盟主”，但各路反秦队伍都是奔着楚国项氏的威名才来的，也只有项羽称王，他们才能真正信服。而刘邦不过是抄了近路，侥幸比项羽先到罢了，难道还真的让一个布衣出身的泥腿子做一群贵族的老大，想想就不现实嘛。

@倔强青铜：

此言差矣。“反秦第一人”陈胜曾经说过：“王侯将相，宁有种乎？”醒醒吧，仅凭出身论高低的时代已经过去了，我看好刘邦。

@胜者王侯败者寇：

我支持项羽，实力不行就是要让位，刘邦十万军队，拿什么和项羽的四十万大军硬碰硬？如果刘邦真的有信心做这个关中王，为什么当时还要怂怂地把府库都封好后，退军灞上？我估计是刘邦自己心里也有数，知道就算楚怀王有言在先，最后还是要靠武力说话。

@咸阳城中小韩生：

说支持项羽的人是怎么想的？难道没有看到咸阳城中如今的惨相吗？刘邦刚入咸阳，就和三秦父老约法三章，表明自己此次来是为大家除害的，不是来侵扰百姓的。可项羽呢？他一进入咸阳，就杀死了秦王子婴，还在城内大肆烧杀掳掠，把整个咸阳城变成一座人间地狱。在我看来，他就好比一只戴了帽子的猕猴，即使装得人模人样，也与禽兽无异！

刘邦公开悼念义帝

日前，汉王刘邦在洛阳公开为义帝熊心召开追悼会。提起义帝被弑杀一事，刘邦痛哭不止，除了下令全军为义帝举哀三日外，他还广发檄文，号召各路诸侯与自己一同讨伐项羽，以下为檄文的具体内容：

青山垂首，绿水呜咽。今天我们会聚在这里，是为了送别被项羽弑杀而亡的义帝熊心。在听闻义帝被杀的消息后，我的内心无比震惊，也无比悲痛，义帝不仅是楚王的后裔，更是义军的精神领袖，正是因为有了他的存在，我们这些零散的义军才能合成一股力量，齐心协力讨伐暴秦。

可现在，项羽竟公然弑杀义帝于江南，这是何等的大逆不道！义帝无故被杀，又是何其无辜！大家静下心来想一想，项羽如今已是独步天下的西楚霸王，可他却因为一点私怨就对义帝赶尽杀绝。他不能容人已经到了这种地步，又怎么会放过占据封地的我们？为了不成为下一个“义帝”，我提议大家拿起武器，组建新的诸侯联军，勇敢地向项羽发起反抗，为义帝复仇！眼下我已经收编了三河将士，召集了关内的各路人马，我们只需沿江而下，一定可以战胜楚军，为义帝讨个公道！

56万不敌3万？刘邦这回人丢大了

公元前205年，刘邦率领诸侯联军共计56万人，齐攻西楚都城彭城，浩浩荡荡的人马像洪水一般冲击着这座城池，几乎所有人都断定此次刘邦必胜无疑，就连刘邦自己也露出了沾沾自喜的神色。可刘邦万万没想到，远在齐国的项羽会凭借3万轻骑，狠狠地给他上了一课。

据汉军士兵回忆，当天，他们凭借着压倒性的兵力很快就攻下了彭城。或许是因为之前一直被项羽压制得喘息不得，一朝翻身，诸侯们都表现得格外兴奋，尤其是汉王，更是每天左拥右抱，不是在庆祝，就是在庆祝的路上，每天都把自己灌得醉醺醺的，全然不似当日在咸阳城约法三章时那般清醒克制。在这种气氛的影响下，全军将士都不由得松懈起来，因此当项羽带领3万精兵从天而降的时候，这56万人竟全然没有防备，轻易就被冲散了。一时间，楚军便如同狼入羊群，将诸侯联军打得四散奔逃，掉入河里的汉军尸体多到把睢水都阻塞了，那场面是要多惨烈有多惨烈。

据悉，诸侯军见楚军如此强大，纷纷倒戈，孤立无援的刘邦连老婆孩子都不要了，自己带着仅剩的数十骑逃往下邑。遭遇如此打击，刘邦还能翻身吗？让我们拭目以待。

- 给齐王韩信的一封信 -

尊敬的齐王：

您好！我今天写信给您，是想与您说几句心里话。

想当年，我们反秦义军齐心协力，一同抗击暴秦，为的是让天下人都过上平静安宁的生活。现在秦国已经被打败，大家也都按照各自的功劳，分到了自己的封地，本该休养生息，各自安好，但刘邦却屡屡兴兵东进，侵夺别人的土地，实在是太过分了。

早年间，我与刘邦就有过矛盾，是我看他可怜，才几次三番放过了他，想不到他非但不思报答，反而对我刀兵相向。照我看，他刘邦就是个无情无义的小人。如今楚汉战争陷入胶着，以您的强大实力，我相信，您对哪一方施以援手，哪一方就能取得胜利。

您信我一句话，就算您尽心竭力地在战场上为刘邦抛头颅、洒热血，换来的也只会是兔死狗烹的悲惨结局，实在是不值得。不如您独立出来，与我们楚国联合，届时我们三分天下，不比为他卖命强得多？

西楚霸王项羽

- 韩信给项羽的回信 -

尊敬的项王：

首先，感谢您的盛情邀请，但很抱歉，请容我拒绝。

或许您已经忘了，在投奔汉王之前，我也曾给您打过工。但当时您看不上我韩信，只给了我一个执戟卫士的职位，我也曾鼓起勇气向您进言，但换来的却是言不听，计不从的结果。我在您的军中看不到未来，这才投奔了汉军。

来到汉军后，汉王给了我最好的待遇，不仅授予我上将军印，还把几万人的大军交给我这个没背景的小人物指挥。我饿了，汉王便给我送来美食；我冷了，汉王便脱下自己的衣服给我穿。对于我的建议，汉王更是言听计从，可以说没有汉王，就没有我韩信的今天。汉王如此信任我，我感激还来不及，又怎么能背叛他呢？您还是趁早打消这个念头吧。

齐王韩信

重要通知

荥阳拉锯战已持续数月，双方人困马乏，经商讨达成盟约，约定以鸿沟为界，中分天下，鸿沟以西者为汉，鸿沟以东者为楚。同时项王释放汉王父母妻子，以示诚意。请两军将士必须严守“楚河汉界”盟约，切勿逾越鸿沟一步，如果再引起战事争端，后果自负！

还原西楚霸王自刎真相

楚汉两军的最后一战“垓下之战”已经落下帷幕，在这一战中，威名赫赫的西楚霸王项羽自刎身亡，留给世人无尽的感慨，也留下了一个难解的谜团。俗话说：“胜败乃兵家常事。”刘邦在彭城之战后，凭借几十人尚且能翻身，以项羽的战斗力和威望，回到江东卷土重来也未可知，他为何要选择用这种决绝的方式结束自己的生命？垓下决战当日究竟发生了什么，摧毁了项羽的希望？为了进一步了解事实真相，本报采访到了这一事件的几位亲历者，我们可以从他们的所见所闻中，依稀拼凑出当日的情形。

楚军士兵一：

我觉得项王之所以自刎，是因为心中太绝望了吧？当日，我们的军队被韩信用“十面埋伏”的战术困在垓下，兵少食尽，不管从哪边突围，都被打了回来，损失惨重。虽然我们还没有被汉军彻底打败，但军中的气氛已经十分沉重，偏巧这时候，汉军四面又传来阵阵楚歌，我们听到家乡的歌谣，都不禁感伤落泪，就连项王也仰天长叹：“难道楚地已经全被刘邦占据了吗？为什么汉军中会有这么多楚人呢？”我想，就是这阵歌声，为项王之死写好了序章。

楚军士兵二：

据我所知，项王之死还和一位叫虞姬的美人有关。虞姬是项王最宠爱的一位姬妾，不仅才貌双全，还颇有胆识，项王每次作战，不管多凶险，都要骑着乌骓马，带上这位美人。那天我看见项王意志消沉地进了营帐，在帐中借酒浇愁，虞姬便在一旁陪伴着他。想到昔日的辉煌和眼下的落寞，看着这个他最挂念的人，项王不禁放声高歌：“力拔山兮气盖世，时不利兮骓不逝。骓不逝兮可奈何，虞兮虞兮奈若何！”虞姬听后，也唱和道：“汉兵已略地，四方楚歌声。大王意气尽，贱妾何聊生！”唱完便挥剑自尽了。也许爱人在眼前离去，就是压倒项王的最后一根稻草吧。

乌江亭长：

我是项王之死的亲历者。那天我远远看着项王满身是血，带着几位壮士策马而来，知道他被汉军追杀，已经走投无路，幸好我早就为他准备好了一只小船。可让我没有想到的是，这种生死关头，项王竟无论如何都不肯上船。

我知道他心里不好受，赶忙劝他：“江东虽然小，但地方千里，还有数十万人口，也足以称王。希望您趁着现在有船，赶快渡江，等汉军追上来，一切就来不及了！”可项王却只是苦笑着对我说：“如果是天要亡我，我就算渡江逃窜，又有什么用呢？想当年，我带领着江东子弟八百人，一同渡江而来，可如今，他们中没有一个人和我同归。纵使江东父老因为同情我，拥立我为王，我又有什么面目去面对他们？就算他们嘴上不说，难道我就能问心无愧吗？”说完，他便把坐骑乌骓马留给了我，而后冲进汉军中，杀死数百人后，满身是伤地自刎了。在我心中，项王虽然战败了，但他始终是一位有骨气的大英雄，是一位顶天立地的真霸王！

第十一期
公元前180年12月31日
(本期第1版)

大汉开国分红
名单公布

公元前202年，轰轰烈烈的楚汉之争终于落下帷幕，这场持续四载的拉锯战，随着西楚霸王项羽的兵败身死，正式画上了句号。同年，诸侯将相都推举汉王刘邦做皇帝，刘邦委婉地推拒了几次，但奈何大家太过热情，他也只好接受了这个来之不易的皇位，并在山东定陶汜水之阳举行了登基大典，定国号为汉。

众所周知，刘邦乃是一位草根皇帝，他的成功离不开诸位文臣武将的鼎力相助，因此，随着汉朝的建立，论功行封之事也很快提上了日程。目前大汉王朝的分红进度如何？满朝文武中，哪位功臣分得的食邑最多？在僧多粥少的情况下，是否每位功臣都能拿到属于自己的那份封侯名额？

欲知详情，请跟随本报记者，前往分红大会现场，一探究竟。

本期焦点

朝廷大封列侯，首功之臣居然是他

为了进一步了解大汉王朝的分红情况，在获得入场许可后，本报记者第一时间抵达了分红大会的现场。刚刚踏入会场，记者就被现场的热烈气氛所感染，论功行封之事牵动着在场每一个人的心，那些往日难以接近的文臣武将，在这一刻也都化身八卦小能手，三五成群地聚集在一起，积极打听着本次分红的最终结果。

据悉，本次分红大会秉承“公平、公正、公开”的原则，不论出身，只计功劳。其中，相公萧何功劳最大，被封为酂侯，食邑万户。这个消息一宣布，会场内就炸了锅，不少人表示：“萧相国后勤保障做得好，猎头更是一绝，封赏多一点我们都没意见，但推他为首功之臣，是不是有点太夸张了？毕竟他一介文臣，只会舞文弄墨，没有汗马功劳，却得陛下如此看重，这会让那些在战场上舍命拼杀的将领寒心啊！”还有人说：“平阳侯曹参身经百战，身负七十多处战伤，为大汉打下了两个诸侯国，一百多个县，如果这样都不能排在第一位，那我合理怀疑分红大会有黑幕！”

对此，刘邦表示：“在朕还是个平头百姓的时候，萧何就多次救助朕，后来更是带领整个家族随朕起兵，这份情义是别人比不了的。更何况诸位都是战斗型人才，但萧何是管理层人才，没有好猎人，猎犬怎么能发挥最强的战斗力？事情就这么定了，大家不要再争了！”

关内侯鄂君也力挺萧何：“楚汉战争的时候，如果没有萧何这样强大的后援，陛下如何能在多次战败的情况下，从项羽手中夺得天下？萧何建立的是万世之功啊！”而本事件的另外一位当事人曹参则公开声明：“拒绝拉踩，萧何是我偶像，他排在第一位我没有任何意见。”

本报记者 包打听

这样的人也能封侯

封侯标准跌破底线惹争议

分红大会过后，二十位大功臣人选及相关封赏情况已然揭晓，但大汉的分红事宜却并未就此落下帷幕。尚未拿到封侯名额的大臣们每日议论不绝："分红进程何时结束，我还能赶上这波吗？""我的战绩和韩信、樊哙简直没法比，是不是封侯无望了？"就在这个节骨眼上，朝廷却忽然传来惊人消息：雍齿被封为什邡侯，食邑二千五百户！

很快，此事就在朝野上下掀起了轩然大波。据悉，有人对此表示不满，评论："如果连雍齿都能封侯，是不是证明大汉朝的侯爵之位太不值钱了，希望皇帝慎重考虑此事。"也有人窃喜："如果连雍齿这样的人都能封侯，那我们这些人的侯爵之位不是稳了？"

雍齿到底是个什么样的人？为什么他能够成为众人心目中"底线"一样的存在？据悉，雍齿原为沛县豪族，是皇帝刘邦的同乡，从年轻时就不把家境贫寒的刘邦放在眼里，后来更是反复倒戈，长年位居"刘邦最讨厌的人"排行榜第一名。

大汉分红委员会负责人张良表示："雍齿封侯一事，彰显了天子宽广的胸怀，也让广大的功臣吃下了一颗定心丸。请大汉的文臣武将们放心，目前定功行封的相关事宜，正在稳步推动中，在后续的分红工作中，我们会做到'应封尽封'，绝不会让任何一位功臣心寒。"

关于楚王韩信谋反案的调查结果公示

近日，有人匿名举报楚王韩信居功自傲，蓄意谋反。针对此事，朝廷相关部门进行了秘密调查，现公布调查结果如下：

韩信，男，淮阴人，曾在平定三秦和楚汉战争时立下赫赫战功，又于垓下之战中逼死项羽，是大汉的开国功臣，因功徙封楚王。然而此人自恃功劳，曾在天子处于危急境地时，公然要挟当时还是汉王的天子封其为齐王，之后又在楚汉对峙之时，几次拒绝向汉军施以援手，明明手握重兵，却常对双方战事持观望态度，可见其早有不臣之心。汉朝建立后，韩信更是拥兵自重，自恃战斗力强大，常在天子面前出言不逊，在朝臣面前，竟以王者自居，罔顾皇命，私下窝藏逃犯钟离昧，有重大谋反嫌疑。

处理结果：天子念其功劳，赦免其罪，将其押解至洛阳，剥夺兵权，褫夺楚王封号，降为淮阴侯，如若再犯，立斩不饶，其余诸侯也当引以为戒。

吕雉：嫁给一个无情的丈夫是种怎样的体验

我叫吕雉。在我年少时，父亲吕公为了避祸，带着我们一家人迁居到了沛县。父亲德高望重，刚刚搬去就受到了沛县县令的热情欢迎，县里为父亲举办了盛大的欢迎会，一时间小小的县衙里挤满了当地的豪强。忽然，席间的一场骚乱引起了所有人的注意。

原来，因为前来道贺的人太多，主吏萧何就把贺礼不满一千铜钱的宾客安排到了堂下，但却有人浑水摸鱼，不仅虚报贺礼，信口将自己的贺礼报成“一万钱”，还脸不红心不跳地坐进堂内，侃侃而谈。被抓到以后，这厮承认，自己身上连一文钱也没有，纯粹是来吃霸王餐的，看他相貌堂堂，怎么好意思做出这样的事，这不是流氓嘛！

我们姐妹几个正暗暗窃笑，议论这样的人准娶不到媳妇，可转头父亲就告诉我，他竟然当众把我许配给了这个叫“刘邦”的小混混。我顿觉晴空霹雳，父亲为什么要这样做？他早就答应要给我寻一门最好的亲事，那个刘邦怎么看都不是良配呀。母亲也哭着让父亲解除婚约，但父亲却笃定地说自己精通相面，刘邦有帝王之相，我嫁给他不会受苦的。

后来刘邦果然摇身一变，成了大汉朝的开国皇帝，而我也妻凭夫贵，成了人们口中的“吕后”，可嫁给他以后我受了多少苦楚，又有谁知呢？

当年我屈身下嫁，他外出任职，家中农活全由我一个人操持，我带着一儿一女，还要下地锄草劳作，年纪轻轻手上就布满了老茧。后来他私自释放押送的役徒，在芒砀山起事，害得我和一双儿女被捕入狱，如果不是狱吏任敖出手相助，不知下场会多么凄惨。后来他成了汉王，与项羽在广武对峙，项羽用他父亲和我们一家的性命威胁他投降，可他却厚着脸皮对项羽笑说：“我父亲就是你父亲，如果你要烹了他，记得分我一杯羹！”他对自己的父亲尚且如此无情，又怎么会顾念我们母子。最令我无法原谅的是，在一次逃命途中，他为了让马车跑得再快些，竟几次想将我们的儿子和女儿推下马车，他怎能如此无情？

这些年来，人们对我的种种议论，我也有所耳闻。有人指责我野心勃勃，专权干政；有人非议我残忍冷血，害死戚姬；有人怒骂我屈杀韩信，残害功臣。可他们怎知一个妇人身处后宫，独自承担起一切的辛酸和不易？况且作为一名政治家，对于这个刚刚起步的大汉朝，我问心无愧，至于那些流言蜚语，就随它们去吧。

（节选自《吕后自传：我的前半生》）

急报！天子被困白登山

前方战场传来急报，天子被困白登山已整整七日，率领的先头部队与外界联系中断，吉凶未卜。民谚说：“千金之子，坐不垂堂。”刘邦身为九五之尊，为何会孤军涉险？他们又将采取哪些手段化险为夷？本报将为您跟踪报道。

公元前200年年初，刘邦御驾亲征，率领三十多万大军，先是在铜鞮和晋阳击败了反叛的韩王信，而后又打败了与其联合的匈奴大军，势头正盛。将士们斗志昂扬，刘邦更是燃起了一举打垮匈奴的雄心壮志。

在得知匈奴人屯兵代谷，并且只剩下些残兵败将的消息后，刘邦当即下达了追击指令。毕竟作为接连打败强秦和西楚霸王的男人，区区匈奴，在他眼里不算什么。可随后的事情走向却让刘邦大为震惊。

大军前进迟缓，性急的刘邦为了早日打败匈奴，决定亲率轻骑深入平城，不料刚进入白登山，就被突然出现的匈奴四十万大军团团包围。刘邦这才想起，率领汉军将项羽逼得四面楚歌的并不是自己，而运筹帷幄之中、决胜千里之外的张良此刻也并不在身边。在这孤军顽抗的七天时间里，刘邦饥寒交迫，就像任人宰割的羔羊一样，几近绝望，他把求助的目光投向了身边的谋士陈平。

陈平无奈表示：“臣只能试试，至于成不成功，不敢保证。”

陈平用冻得发紫的手，颤抖地给匈奴单于的阏氏（妻妾）写了一封信，信中阐明了多方利害，并送上了许多金银财宝，表示只求放刘邦一条生路。在匈奴阏氏的积极运作下，匈奴单于终于答应，将包围圈打开了一个小口，将刘邦等人放了出去。

事后，死里逃生的刘邦内心久久无法平静，他先是斩杀了当初劝他攻打匈奴的十几名使者，而后又制定了缓和局面的和亲政策，表示谁再提打匈奴的事，他就跟谁急！

商山四皓首度入朝引发热议

近日，由东园公、夏黄公、绮里季、甪里先生组成的“商山四皓”亲临长安，赴皇宫参加国宴，席间太子刘盈全程陪同接待，大家相谈甚欢，这也是自汉朝建立以来，四皓首度走出深山，入朝觐见。消息刚一传出，立即引起巨大反响。

作为“商山四皓”的头号粉丝，当今天子刘邦表现得格外激动，他说：“四位老先生来得太突然，朕完全没有心理准备。从很早之前，朕就一直很仰慕四位的学识和风采，屡屡相邀，但都被四位以避世为由婉言拒绝了，想不到刘盈这小子平日里看起来唯唯诺诺的，竟闷声做大事，把‘商山四皓’给搬出来了，看来是朕小瞧他了！”

对于为何接受刘盈的邀请，远道而来的“商山四皓”是这样解释的：“以往我们不愿意来拜见陛下，是因为听说陛下为人高傲，轻慢读书人，不愿意来受皇家冷眼。但与太子交往过后，我们见太子性情温和，言辞谦卑，对我们这些老年人又很恭敬，如果辅佐的是这样的储君，我们愿意出山！”

各大媒体纷纷发文，认为“商山四皓”事件，证明了刘盈作为政治家的手腕和影响力，标志着刘盈的太子之位进一步稳固。但赵王刘如意的母亲戚夫人却不这么想，她认为刘盈之所以能请来四皓，完全是他母亲吕后和留侯张良暗中运作的结果，否则太子之位理应是她儿子刘如意的。直至发报时，吕后集团仍未对此表态。

本报记者 百晓生

丞相曹参奉旨摆烂

近日，有民众通过“大汉热线”向监察部门检举丞相曹参的不作为问题。检举者称，曹参作为大汉的开国功臣、先帝刘邦指定的一国之相，有能力也有责任为国家发展尽心尽力，辅佐新帝刘盈将国家治理昌盛，但他却整天消极怠工，不理政事，仿佛誓要将摆烂进行到底。这样的执政方式，实在不能令人信服，而当今天子竟然也不出来管管，这一君一臣的操作，实在让老百姓有点看不懂了。

针对这一问题，我们采访到了皇帝刘盈。刘盈表示，自己起初也干涉过曹参的“咸鱼”行为，还专门派曹参的儿子曹窋去探过他父亲的口风，但曹参的回答却让他心服口服。

“曹参先是问朕，朕和先帝相比，谁更圣明神武？朕急忙说，自己哪敢和先帝相比？曹参又问朕，朕觉得他和萧何谁更贤能？朕犹豫了一下，还是委婉地表示，他好像不如萧何。曹参一拍手，说：‘这不就是了？先帝和萧相国平定天下后，已经制定了严明的法令，陛下和我们这些大臣只需要遵循这些法度，不做无意义的更改，不就行了吗？’朕听后觉得十分有道理，于是欣然批准了他的‘摆烂’行为。”

傀儡皇帝的自述书

我叫刘盈，是汉高祖刘邦和吕后的儿子，也是大汉朝的现任皇帝。

也许在许多人眼中，“皇帝”是个无比诱人的身份，为了坐上这个宝座，多少人在尔虞我诈中丢掉了性命，多少人在血雨腥风中粉身碎骨。可如果我有选择的权利，我宁可放弃这个高高在上的身份，做一个普通人。

你是不是觉得我这样说很矫情？但如果你知道这个皇位给我带来了什么，你就不会这样想了。

公元前195年，高祖皇帝驾崩，十六岁的我在母后的安排下当上了皇帝，这也昭示着母亲在与戚夫人的斗争中，取得了完完全全的胜利。作为儿子，我心疼母后在后宫之争中所受的委屈，知道这些年她处处被戚夫人压制的不易；可作为兄长，我也不能眼睁睁看着她为了报复，近乎疯狂地谋害我的弟弟刘如意。

为了保护如意，我专门将他接到宫里，与他一同吃饭，一同睡觉，唯恐一个不留神，他就被母后谋害了。可即便我如此小心，一切还是逃不过母亲的掌控。十二月的某一天，我有事外出，见外面天寒，如意又睡得正熟，便想着让他多睡一会儿，没有唤他起床同行。可就是这么一会儿工夫，等我再回宫时，却发现弟弟已经被母亲用鸩酒毒死了！没过多久，如意的母亲戚夫人也被母后用极为残忍的手段做成了人彘，为了彰显自己的胜利，母后竟然还派人请我前去观看！事后我被吓得大病了一场，在我心里，这种事不是人能做得出来的，身为这样一个杀人魔的儿子，我又怎能以一颗仁德之心治理好天下呢？

我觉得自己生了一场病，这场病的病因便是这个无数人求而不得的皇位，便是把爱我挂在嘴边的母亲，或许只有等我的生命走到尽头，这场噩梦才能真正结束。

本文作者系已故汉惠帝刘盈

★ 异姓究竟能不能做王侯

本报讯 汉惠帝刘盈驾崩后，吕后终于不再掩饰其野心，开始了她的临朝称制之路。然而，在立她的吕姓娘家人为王这件事上，权倾朝野的吕后却遭到了空前阻碍。

右丞相王陵表示，汉高祖在世时，曾专门杀白马立誓，与大臣们约定“不姓刘却胆敢称王的，大家就一起讨伐他”，为的就是遏制异姓王的势力，保全刘家江山。可吕后作为高祖皇帝的皇后，却公然违背这一盟约，委实难以服众。左丞相陈平和绛侯周勃则表示，当年汉高祖做皇帝的时候，就曾大封刘氏子弟，现在吕太后称制，封吕氏子弟为王也是合情合理，并无不可。

连日来，双方就此事争论不休，王陵指责陈平等人阿谀奉承，背弃盟约，而陈平、周勃则表示，眼下的当务之急是稳定社稷，尽可能保全刘氏子弟，如果只是拘泥于口舌之争，也是没有意义的。

天上掉皇位？刘恒心慌慌

假设现在忽然有人上门通知你，你已经成功当选下一任皇帝，你会是怎样的反应？这天，身在代国都城晋阳的代王刘恒，就遇到了这种“天上掉馅饼”的好事。可面对使者的道贺，刘恒的脸上却半天都没露出喜色，甚至有几分惊恐勉强，这又是因为什么呢？

据悉，刘恒为汉高祖刘邦第四子。他的母亲薄姬既不像吕后那样有尊贵的地位，也不像戚夫人那样深受刘邦宠爱，只是汉宫中一个可有可无的小透明。刘邦还是因为怜悯她，才宠幸了她一次，想不到这次宠幸后，薄姬就有了身孕，生下了刘恒。

刘恒告诉我们：“这些年来，本王与母亲在代国安分守己，低调做人，唯恐哪天不小心得罪了吕后，落得与其他皇子一样的悲惨下场。但或许是我们代国太没有存在感，在这场吕后主导的大清洗中，竟然没有被波及，想到这我们已是十分庆幸。至于皇位，更是从来都没奢望过。”

对于赴长安登基一事，大臣们议论纷纷，有的担心有诈，建议刘恒装病推辞，有的则劝刘恒为了大汉江山赌一把。素来谨慎的刘恒犹豫不定，最终决定遵循玄学，按占卜结果行事。

“占卜结果显示：大横庚庚，余为天王，夏启以光。起初本王还不是很明白，想着我已经封王了，‘天王’又是个什么说法呢？占卜的巫师说，天王就是天子的意思，预示我未来会像夏启一样，将王朝发扬光大。既然这是上天注定，那就没办法了，本王只得启程前往长安，继承大统。”

不过出于安全考虑，刘恒还是没有贸然前往，而是派宋昌、张武等人先行打探，确认吕氏势力已经被陈平、周勃和朱虚侯刘章等人彻底铲除后，才放心地前往渭桥，接受百官的朝拜。

在登基大典过后的记者招待会上，丞相陈平作为群臣代表，出面解答了媒体们的诸多疑问。当谈及为何选择刘恒作为新任皇帝这一问题时，陈平是这样回答的：“吕后所立的少帝刘弘血统存疑，没有资格继承皇位。在经历了残酷的宫廷斗争后，高祖皇帝只剩下代王刘恒和淮南王刘长这两个儿子，两人之中刘恒更加年长，所以更有资格继承皇位。再加上刘恒做代王的时候，便是出了名的勤俭靠谱，让这样一位有德之君做皇帝，大汉朝的未来必定一片光明！”

第十二期
公元前 126 年 12 月 31 日
（本期第 1 版）

▼本期焦点

大汉脱贫攻坚战打响了

吕后去世后，代王刘恒登基为帝，对于这个新皇帝人选，不管是朝中大臣还是老百姓，都比较满意，更重要的是，大汉朝的江山终于又重新安稳下来了。

可刘恒还没来得及高兴几天，一个天大的问题就压在了他的头上，那便是大汉朝实在是太穷了。

穷到什么地步？就连皇帝出行，都凑不齐四匹毛色相同的马，大臣们更是只能乘牛车上朝，更不用说老百姓，填饱肚子都成问题。从春秋到战国，从灭秦之战，再到楚汉交锋，这些年来战争几乎就没停过，民间人口锐减，侥幸活下来的老百姓也忙着逃命去了，哪有精力搞生产？交到刘恒手里的，看起来是个泱泱大国，可翻开来看，土地荒芜，人民贫困，粮仓空空，国库没钱，简直就是个收拾不完的烂摊子。

不过好在经过刘恒（汉文帝）和刘启（汉景帝）两代皇帝数十年的努力，汉朝的经济以惊人的速度回暖，已经到了粮食满仓、马匹成群、钱财不可计数的程度。为了打赢这场“脱贫攻坚战”，汉文帝都做了什么？他们又是如何带领国家走向富强的？

欲知详情，请翻阅本期第2版

消费主义逆行者

刘恒引领极简生活新风尚

为了探究大汉脱贫攻坚战的细节，记者来到了位于长安的未央宫。刚一进入宫门，一股简约朴素的气息便扑面而来，抬眼望去，只见宫中的亭台楼阁都蒙上了一层岁月的痕迹，看上去甚至有点年久失修，宫殿间垂挂的帐幔也是最素净的款式，就连花纹刺绣都没有。穿梭其间的美人们，也都穿着粗布制成的衣服，她们告诉记者，就连皇帝最宠爱的慎夫人都没有资格穿拖地长裙，其他人就更不敢穿金戴银，打扮奢华了。

眼前的一幕幕让记者不禁发出疑问，难道大汉朝真的已经贫困到这种程度？就连宫中妃嫔们都穿不起绫罗绸缎，那国家岂不是眼看要完？

可紧接着，更离谱的事情发生了，记者在采访皇帝刘恒的时候惊讶地发现，就连这位天子的衣服上也打着一块块补丁，而他脚上穿着的竟然是一双有些破旧的草鞋。在皇帝温和的注视下，记者小心翼翼地抛出了疑问：“国库里不会连给天子置办一套新衣的钱都没有了吗？”

听了记者的话，刘恒只是洒脱一笑道：“宫台华丽，但修建起来却需要花费百金；草鞋简陋，但穿起来一样轻便合脚。皇帝和后宫妃嫔是天下臣民的表率，如果我们能在衣食住行上克制自己的欲望，不沉溺于奢靡享受，那么勤俭节约便会在朝野上下蔚然成风，社会风气变好了，国家自然就会慢慢富裕起来。”

刘恒告诉记者，除了厉行节俭外，他还推行了一系列与民休戚相关的经济政策，通过减免田租、赋税等方式，让更多百姓投入农业生产中去。同时，他还是最早实行“卖官鬻爵”政策的皇帝，但这里的“卖官鬻爵”并不是贬义，刘恒采纳晁错的建议，通过公开招标的方式，号召富户们拿出囤积的粮食，充作军粮，换取爵位，以最小的代价，有效解决了边境缺粮的问题。

除此之外，刘恒还是一位大孝子。大臣袁昂告诉我们：“陛下在代国的时候，有一次太后生了很重的病，几年才好，那段时间陛下每日在病床前服侍太后，目不交睫，衣不解带，太后服用的汤药陛下都要先亲自尝过，再端给太后喝，这份孝心实在是令人感动。在我们眼里，陛下不仅是一位明君，更是一位有人情味的皇帝。”

采访的最后，刘恒满怀希望地对记者说，所有的困难都是暂时的，只要大家在脱贫致富的道路上不怕吃苦，勇于克服困难，大汉朝就一定会迎来灿烂的曙光。

本报记者 包打听

周亚夫：我的规矩就是规矩

《论语》云："君君，臣臣，父父，子子。"封建社会等级森严，皇帝的权威是至高无上的。可在汉朝，竟然有这样一位大将，敢于将军令置于皇权之上，让堂堂天子在自己的军营里吃了顿"闭门羹"，他便是绛侯周勃之子，汉朝著名军事家周亚夫。周亚夫为什么有这么大的胆子？这样一个无视皇命的人，究竟是忠臣良将，还是乱臣贼子？接下来，就让我们一同走进周亚夫的内心世界。

小编： 周将军您好！在采访开始前，我想向您打听个小道消息，听说著名女相士许负曾经为您看过相，请问这是真的吗？

周亚夫： 确实有这么一回事。

小编： 据说这个许负相面不是一般的准！当年她就曾经为薄太后看相，预言她会诞下天子，如今果然应验。请问看过您的面相后，她都对您说了些什么呢？

周亚夫： 当时我正在做河内郡守，许负找到我，预言我将在三年后封侯，在封侯的八年后，可以做到将相之位……

小编： 不愧是天下第一女相士。从您的近况来看，许负当年的预言都一一应验了。您承袭了父亲的爵位，又从太尉做到了丞相，已然位极人臣，但我看您的神情似乎并不高兴，这是为什么呢？

周亚夫： 因为许负的预言还有后半句。她说我会在成为丞相的九年后，被活活饿死。

小编： 啊！此话怎讲？

周亚夫： 我也很不解，照理说我已经贵不可言了，怎么还会被活活饿死呢？但许负说我的嘴角有一条天生的细纹，这就是会被饿死的面相。时至今日，我想起她的预言，依旧会困惑不已。

小编： 相面到底还是虚无缥缈之事，您还是别太放在心上。我们言归正传，听说当年您曾在细柳营公然让皇帝下不来台，这是真的吗？

周亚夫： 是真的。那是文帝二十二年（公元前158年）发生的事，当时匈奴犯我边境，先帝（汉文帝）派三路大军守卫京师，宗正卿刘礼驻守灞上，祝兹侯徐厉驻守棘门，我负责守卫细柳。先帝为了鼓舞士气，亲自来到三处军营劳军，去灞上和棘门的时候，都是长驱直入，唯独来到细柳营门外时，被士兵拦了下来。

小编： 这未免也太不给先帝面子了……想必是那个士兵没有认出先帝吧？

周亚夫： 并不是这个原因。士兵之所以阻拦先帝，是因为我老早便在军营里下了严令："军中闻将军令，不闻天子之诏"。即便后来先帝的马车进入了军营，也必须遵守军令，不得疾驰，先帝来到了中军大帐，我也只对他行军中之礼，并没有卸甲跪拜。在细柳营，我的规矩就是规矩，即便是皇帝来了也不容更改。

小编： 恕我直言，您这样行事很容易得罪人。

周亚夫： 我明白，但我是一名军人，在我眼中，恪尽职守比讨好君王更重要，国家安危也远比皇帝个人的面子重要。

小编： 的确，如果所有的军队都像灞上营和棘门营那样，因为畏惧皇帝，视军令为无物，任由车马出入，一旦匈奴人真的打进来，这些没有原则的兵将又怎能抵抗强敌呢？

周亚夫： 所幸先帝也能理解我的所作所为，非但没有处罚我，还在匈奴退兵后擢升我为中尉，又在临终前将当今天子和江山社稷托付给我。我一定会尽忠职守，为大汉抛头颅洒热血，来回报先帝的知遇之恩。

致南越王赵佗的一封信

天无二日，国无二主。然而，刘恒登基之初，天下竟出现了两位“皇帝”。

站在九五之尊的立场上，刘恒肯定接受不了有人与自己平起平坐；可真刀真枪地打吧，在这种民生凋敝的情况下，战争爆发，受伤的只会是老百姓。左思右想后，刘恒决定派遣使者陆贾，给自立为帝的南越王赵佗送上一封亲笔信。书信内容大致如下。

亲爱的南越王：

您好！先自我介绍一下，朕是汉高皇帝侧室的儿子刘恒。小的时候，朕一直住在偏远的封地代国，因为路途遥远，一直没有机会与您通信。近期我们这边发生的事情，您多少也听说了吧？如今诸吕之乱已经平息，朕在功臣的拥护下顺利即位，便想着为您做一些力所能及的事情。

朕听说，您一直在寻找失散多年的弟弟，朕已经帮您把人找到了。他就住在真定老家，现在生活得很好，前段时间朕刚刚派人前去慰问过他，顺便还替您修葺了老家的祖坟。您希望惩治长沙国两位将军的诉求，朕也收到了，朕已经罢免了将军博阳侯，希望可以平息您心头的愤懑。

前些日子，有人向朕禀报，说您派兵前去骚扰边境，搅得长沙百姓不得安宁。朕觉得这样很不好，因为战争一旦爆发，必然会伤及士卒，累及百姓，我们固然会遭受损失，可对于南越国来说，又有什么好处吗？到时两国生灵涂炭，哀鸿遍野，朕不忍目睹这样的场景。

朕也想过，通过重新划分边界来解决这一问题，但大臣们都说，边界是高皇帝定下的，即便是朕，也不能擅自更改。大臣们又说：“陛下即便通过战争，得到了南越国的土地，大汉的疆域也扩大不了多少；即便获得了南越国的财宝，大汉也富裕不了多少。”朕想了想，是这么个道理，所以这仗朕也懒得打，南越国就继续由您治理吧。

如今您自称皇帝，朕也是皇帝，两个皇帝之间互通使节。朕这次派陆贾前去，是希望我们能摒弃前嫌，和谐相处。如果您听明白朕的意思了，以后就别再骚扰长沙边境了（如果您没明白，朕也不介意用一些军事手段让您明白）。

最后，送上棉衣若干件，希望您能给自己找点事情做，每天听听音乐，和邻国唠唠嗑，把自己哄得开开心心的，别总把心思都放在怎么骚扰长沙上，朕就心满意足了。

大汉皇帝刘恒

公元前179年×月×日

★后记：

刘恒这封半安抚半警示的信，读得南越王赵佗汗流浃背。毕竟汉朝比南越国强大太多，刘恒这样遣使前来送信，已经算是给足了他面子。他也明白，如果自己再肆意妄为，等待他的只会是灭顶之灾。

赵佗想通后，当即便写下了一封回信。在信中，他极尽谦卑地承认了自己的错误，说明“称帝”不过是被迫无奈，如今既然皇帝陛下敞开胸怀接纳南越国，他愿意重新向汉朝称臣，并且不再对外称帝。

就这样，刘恒不费一兵一卒，便完美化解了这场边境危机。

少女缇萦获评“感动大汉年度人物”

颁奖词：圣汉孝文帝，恻然感至情。百男何愦愦，不如一缇萦。

人物事迹：淳于缇萦，女，太仓长淳于意之女。淳于意精通医学，常常为人诊治疾病，缇萦生长在这样的环境中，从小就有一颗善良悲悯的心，在跟随父亲悬壶济世的过程中，更培养了寻常人不具有的勇气和见识。因此，在父亲因医疗纠纷被控告入狱，判处肉刑的时候，缇萦作为女儿，第一时间站了出来，她克服了重重困难，跟随父亲的囚车来到长安，又多次向朝廷上书，向皇帝（汉文帝）申诉父亲的冤情。

最终，缇萦的坚持打动了皇帝，皇帝不仅赦免了淳于意，还废除了肉刑。可以说，缇萦在拯救父亲的同时，还惠泽了天下万民。事后，淳于意不禁感慨：“当初，我对女儿们说，家里没有生男孩，真遇到大事连个可用之人都没有！现在想想，实在是我见识浅薄了。现在我终于明白，有再多儿子，都比不上缇萦这个好女儿啊！”

《尚书》重见天日

九旬老人功不可没

大汉在发展政治和经济的同时，也没有忽视对文化的传承。近日，在当今天子刘恒的鼎力支持下，一场卓有意义的古籍抢救工作正在有序展开。

然而，在修复众多失传古籍的过程中，人们发现了一件令人心痛的事实，那便是经历了秦时那场近乎毁灭性的焚书浩劫后，即使找遍全国，也再寻觅不到古史《尚书》的踪迹。正当广大学者几乎绝望之际，一则喜讯传来：齐鲁之地有一位名叫伏生的老者，还保存着一份《尚书》残本。

皇帝刘恒得知此事后，大喜过望，当即便想征召伏生前来讲学，但伏生已经年过九旬，连话都说不清楚了，只有他的女儿羲娥能听懂他在说什么。于是朝廷便派遣掌管礼乐的官员晁错前去求学，学成归来后，再将《尚书》传授给天下学者。

“我们今天还能读到这本《尚书》，都要感谢伏老先生的无私付出，如果当初不是他冒着生命危险，在秦始皇颁布焚书令后，将一本《尚书》藏在了自家墙壁中，又在战乱中默默守护至今，这部上古时期的经典可能就要失传了。”谈到伏生守护《尚书》的经历，晁错不禁眼含热泪。

如今，《尚书》已经成为所有学子儒学入门的“教科书”，相信在一代代学者的传承下，它必将迸发出新的光彩。

太子刘启闯大祸

“高高兴兴出门，平平安安回家”是所有父母对孩子的期盼，但少年之间打打闹闹难免会有受伤，有时还会造成无法挽回的严重后果。古语说：“王子犯法，与民同罪。”可当事故的一方真是一朝太子的时候，案件又该如何判决呢？近日，大汉皇帝就遇到了这样一件令人头疼的大事。

刘启和刘贤是一对远房堂兄弟，但比起亲缘称呼，太子和吴国太子才是他们更常用的身份。这天，刘启召刘贤陪自己一起玩六博棋，起初两个少年还玩得好好的，但几局下来，摩擦就产生了。刘启作为太子，从小到大都是被整个汉宫哄着的，而刘贤在吴国的时候，也被师父们骄纵得不可一世，两人玩着玩着就吵了起来，吵着吵着便动起手来，口角中热血上脑的太子刘启竟抡起棋盘，朝着刘贤的脑袋砸去。不知道是他下手太狠，还是棋盘砸到了要害，刘贤被打得栽倒在地，当场气绝身亡。

“我当时就是气急了，又喝了点酒，只是想教训他一下，没想到居然把他打死了……”刘启显然也没有想到会闹出人命，死的还是吴王之子，吓得瑟瑟发抖，泪流不止。皇帝刘恒得知此事后，震怒不已，恨不能亲手抽死这个熊孩子，可刘启作为大汉唯一指定继承人，肩负重任，要他给刘贤抵命也不现实。

最终，皇帝只能将刘贤的遗体送还吴国归葬，并送上无数金银财宝，请求吴王刘濞的原谅。但再多的金银也换不回刘贤的生命，再多的安慰也抚平不了一个父亲内心的伤痛。刘濞显然很不买账，直接放话怒怼道：“天下一宗，我儿子死在长安就葬在长安，何必送回吴国！”又将刘贤的遗体送回长安。

有消息称，意外发生后，刘濞便称病不再去朝见皇帝，皇帝理亏在先也不好追究。不过有相关人士称，刘濞的反击不仅如此，如有机会，他还将实施进一步报复。

七国一起造反了

本报讯 公元前154年，吴王刘濞、楚王刘戊、赵王刘遂、济南王刘辟光、淄川王刘贤（不是被棋盘砸死的那个）、胶西王刘卬、胶东王刘雄渠七位诸侯王共同聚起几十万大军，公然举兵反叛朝廷，一场轰动天下的“七国之乱”爆发了。

当被问及身为刘氏子孙，为何聚众造反时，吴王刘濞对此予以坚决否认：“没有的事！造反多难听，我们这叫‘清君侧’，虽然皇帝又是用棋盘砸死我儿子，又是几次三番削减我们这些诸侯王的封地，但我统统都没有放在心上。我们相信，陛下之所以做出这么多‘错事’，都是有恶人在背后捣鬼，挑拨我们的关系。七国此次起兵，就是为了请陛下诛杀那个恶人，还我们一个公道。”

刘濞所说的削藩，是一种削弱诸侯国势力，加强中央集权的政治手段。汉朝建立后，实行郡国并行制，诸侯国疆域辽阔，拥兵一方，甚至可以单独铸币、自行征税，基本不受朝廷控制，它们就好像一颗颗定时炸弹，埋在大汉朝的各个方位，让刚刚继位不久的皇帝刘启（汉景帝）提心吊胆。就在这个节骨眼上，御史大夫晁错适时献上了《削藩策》，请求削减诸侯王封地，想方设法限制诸侯王权力。

起初，刘启还是很支持晁错的，也一一采纳了他提出的意见，可七国大军压境，刘启才意识到，在削藩这件事上，自己似乎有些操之过急。为了平息七国怒火，刘启听取了袁昂等人的计策，将队友推出去挡刀，可怜的晁错就这样被腰斩于市。

可晁错的死并没有让诸侯王们收敛气势，就此收兵。秉持着“来都来了”的原则，诸侯王们直接扯掉了“清君侧”的招牌，吴王刘濞更是自立为东帝。看来，这场硬仗刘启不想打也得打。

周亚夫成功平乱
梁王却心怀不满

所有人都没想到，这场声势浩大的七国之乱，在仅仅不到三个月后，就被太尉周亚夫平定了，一时间，大汉朝上下无不将其奉为偶像。可就在臣民们对周亚夫钦佩不已的时候，皇帝的弟弟梁王却上书告了周亚夫一状，指责他不讲道义，险些葬送了梁国。

梁王说，自己和刘濞等人虽然都是诸侯王，但立场却完全不一样，作为皇帝的亲弟弟，他誓死维护国家统一。因此，即使吴楚两国大军压境，向梁国发起猛烈的攻击，他也没有后退半步，几乎是赌上了整个梁国拼死抵抗，不让叛军向京师靠近一步，终于等到了朝廷大军的到来。可周亚夫却无视他的求援，致使梁国上下损失惨重，这让他十分寒心。

对此，周亚夫回应，自己并非有意不救梁国，只是根据当时的战争形势，出兵并不是最好的选择，当时他屯兵昌邑，表面上坚守壁垒，暗中却派出轻兵，切断了叛军的粮道。叛军军心涣散，这才被朝廷大军轻松打败。他感激梁国在这场战争中的付出和牺牲，但作为主将，他必须做出最合理的取舍。

淮南王炼丹炼出嫩豆腐

最近，一种外形独特的美食风靡大街小巷，这种美食通体雪白，嫩如凝脂，不仅口感独特，晶莹剔透，而且豆香扑鼻，老少咸宜，刚一推出，就受到广大百姓的热烈追捧。据了解，这种美食名叫豆腐，又叫“黎祁”，做法十分特殊，是由豆浆“点”成的。

在小吃摊老板的指引下，我们找到了豆腐的发明人——淮南王刘安。刘安告诉我们，他并不是一个热衷美食的人，因为潜心修道，近期他已经在尝试“辟谷”，可没想到，就是这么一位不食人间烟火的道学家，却误打误撞掌握了豆腐的制作方法。

回忆起当时的场景，刘安有些哭笑不得：“这些年来，我一直在潜心炼制一种可以让人长生不老的丹药，为此我还网罗了许多方士，投入了大把的时间和精力。这天，我像往常一样，一边在丹炉旁查看炼丹情况，一边喝着一碗豆浆，一个不留神，失手把豆浆打翻在了炼丹用的石膏上。就在这时，神奇的事情发生了，那片豆浆碰到石膏后，竟然慢慢凝结起来，形成了一块块白花花的嫩膏。我在一旁看得大呼‘离奇（黎祁）’，还以为终于找到了炼制仙药的秘方，赶紧命人取来大量豆浆，如法炮制，连着炼制了几大盆。”

遗憾的是，这种“丹药”似乎并没有让人长生的功效，不过刘安却在“试药”的过程中，渐渐迷恋上了豆腐独特的口感和滋味。接下来，他还打算把豆腐推广到全国，让家家户户都吃上自己发明的豆腐。

诈骗犯新垣平落网

敬畏鬼神不是坏事，但过于迷信鬼神，而被人戏耍忽悠，这就难免贻笑大方了。

近日，大汉廷尉处理了一桩影响恶劣的大型诈骗案，被骗的不是别人，正是以圣明贤德著称的当朝皇帝刘恒。据主犯新垣平交代，自己来自赵国，是一名方士，两年前，他听闻当今天子热衷于祥瑞之说，便铤而走险，谎称长安东北有五彩神气，没想到皇帝竟真的相信了，还听从他的花言巧语，在渭阳建起了五帝庙，率领百官，亲往祭祀。而新垣平也因为能“通神”，被封为上大夫，风光无限。

尝到了甜头的新垣平当然不可能就此收手，接下来的两年，他又投其所好，为皇帝献上了刻有“人主延寿”的“天然”玉杯，谎称泗水中藏有遗落的周鼎……但种种反常现象很快引起了丞相张苍和廷尉张释之的怀疑。经过深入调查和密切监视，两人迅速找到了当初在玉杯上替新垣平刻字的工匠，揭穿了这场玉杯骗局，向皇帝证明了新垣平所说的一切都是谎言。

据悉，新垣平因欺君罔上，大逆不道，被判处死刑，夷灭三族。皇帝刘恒在得知真相后，也无比后悔，下诏中止这些无意义的迷信活动，将人力和财力投入国家建设中去。

第十三期
公元 8 年 12 月 31 日
（本期第 1 版）

▼本期焦点

即日起，非嫡长子也可以拥有封地了

公元前127年，朝廷发布了一条针对诸侯国的重磅“好消息”。

长久以来，大汉朝推行的都是“嫡长子继承制”，这种制度虽然一定程度上维持了社会的稳定，但纵有封地千亩，也只能由嫡长子一人继承，非嫡长子无法获得封地和爵位等问题，也困扰着每一位身价不菲的诸侯。

作为一名时刻把同宗利益挂在心上的君王，天子刘彻（汉武帝）急诸侯之所急，想诸侯之所想，适时推出了一道“推恩令”，解决了诸侯们的燃眉之急。

据推恩令项目负责人主父偃介绍，原本诸侯管辖区域只能由嫡长子继承，推恩令实行后，次子和三子也有机会继承封地，另外朝廷还附赠他们一份爵位，这对多子的诸侯之家无疑是一份惊天福利。

这一政令一经推出，就收获了一片叫好。但随着时间一天天过去，关于推恩令的口碑却发生了大反转，更是有诸侯直呼自己被皇帝骗了。这是怎么一回事呢？让我们直击现场，一起看个明白！

招生简章

学校名称： 太学

办学地点： 长安

招生要求： 对儒学感兴趣的有识之士，欢迎太常或地方推荐选送，无年龄限制。

授课内容： 以儒家经典为主，开设了《尚书》《诗经》《易经》《左传》等必修课程。

收费情况： 不收学费（生活费需自理），且可免除赋税徭役，成绩优异者毕业后可安排工作，成为朝廷官员。

推恩令是一个大“阴谋”？

记者抵达大汉“总部”未央宫时，太阳还没有完全升起来，但宫门外已经挤满了来维权的各地诸侯，这些往日里缓带轻裘的大贵族此时脸色灰败，一个赛一个的焦虑，嘴里还不住念叨着“被骗了”“被忽悠了”，不难猜出，在推恩令颁布后，他们非但没能尝到甜头，反而损失惨重。

“起初，我们还是很拥护这道政令的，尤其是我们这种儿子多的家庭，更是举双手赞成。毕竟手心手背都是肉，家产不能合法分给其他儿子，一直是我们心头一道越不去的坎。”诸侯王刘华（化名）告诉我们，在“嫡长子继承制”的背景下，为了争夺那独一份的继承权，兄弟阋墙，谋害嫡长子之事时有发生，几乎每个诸侯之家都打得鸡飞狗跳，“推恩令”的问世，有效地解决了这一问题。

然而，时间一长，有人敏锐地发觉出了不对劲——在这种新型继承制度下，每位诸侯的封地似乎越来越小了。

假如某诸侯王原本管辖着三十座城池，依照推恩令，他的王位由嫡长子承袭，但封地却要被分割成三块，分配给他的三个儿子。既能获得侯位，又能得到几座城，这对于非嫡长子来说，当然是有利的，但这样一来，分到新任诸侯王手里的城池便只剩下十几座，他又无权管辖分给兄弟们的封地，势力范围自然大打折扣。

更可怕的是，这还只是“推”了一代。推到第二代的时候，每个继承人只能分到几座城，那推到第三代、第四代呢……恐怕届时即便是嫡长子，也只能到手一座小县城了。

在察觉了“推恩令”的bug后，几位诸侯第一时间找到了朝廷有关部门，反馈了这一问题，得到的答复却是：“封地总共只有那么多，你们既想分给其他儿子，又不想嫡长子的领地缩小，你们自己想想，这有可能吗？再说了，不管封地分得多碎，说到底，还不是你们自己家的地？”

“我们回去想了想，也是这么一回事，便没有再申诉。”刘华（化名）说，“但紧接着，朝廷又搞了一出我们看不懂的神操作。”

公元前112年，诸侯按照惯例向朝廷进献助祭酎金，皇帝因部分诸侯进献的酎金成色不好、分量不足，大发雷霆，一纸诏书便废掉了列侯106人。失去了爵位的诸侯们犹如遭到晴天霹雳，却也无可奈何，有脾气暴的想要效仿“七国之乱”时的刘濞，用拳头说话，但被分割成小块的封国实力已经锐减，没几天就被朝廷的军队剿灭了。

诸侯们这才反应过来，所谓的“推恩令”，就是刘彻为了削弱诸侯势力酝酿的一个大阴谋，但作为这一政策的策划者，主父偃却坚决否认了这一说法，他申明：“推恩令只是顺应了诸侯们想要多分子弟的心理，是坦坦荡荡的阳谋。”

本报记者 包打听

卫青·非典型外戚

编者按

你有偶像吗？你愿意向全天下安利自己的偶像吗？

为了让每一位粉丝都有机会表达对偶像的喜爱，《历史简报》特开设“我的偶像我来夸”环节，读者们可以通过写信的方式，花式安利自己的偶像。欢迎大家踊跃向本报投稿，说不定下一期“热点人物”板块的主角，就是你的男神女神。

话不多说，下面请接收这份来自卫青粉丝的安利——

我的偶像卫青是一位铁骨铮铮的大丈夫，也是大汉军营中所有将士的榜样。

最开始注意到卫青，是因为他身上那种不屈不挠的精神。也许很多人都不知道，卫青虽然如今身居大司马大将军之职，但他的童年生活却过得十分艰苦。作为县吏的私生子，卫青小的时候没有过过一天好日子，就连他的亲生父亲也轻视他，让他出去放羊，把他当作奴婢使唤。长大后，卫青实在受不了这种被奴役的日子，便逃回了母亲那里，在平阳公主府中做了骑奴。卑贱的出身并没有浇灭他奋斗的热情，在平阳公主府，卫青不仅将马术练得一流，还习得了一身好武艺，这都为他以后拜将封侯奠定了坚实的基础。

“机会总是留给有准备的人”，用这句话来形容卫青，再贴切不过了。卫青的姐姐卫子夫被选入宫，受到皇帝宠爱后，卫青也得到了在建章宫当差的机会。渐渐地，在皇帝眼里，这个青年不再是“卫子夫的弟弟卫青”，而是“自己的左膀右臂卫青”。凭借超凡的个人魅力，卫青得到了皇帝的青睐，也获得了出征匈奴的宝贵机会。

还记得那是公元前130年的一天，整个长安城都笼罩在一种无比紧张的气氛中。皇帝派出四路大军迎战匈奴，面对无比强大的对手，其他三路大军都无功而返，唯有车骑将军卫青率领的一万大军直捣龙城，斩杀匈奴数百人。那一刻，举国沸腾，朝野上下无不为这位青年将军叫好，要知道，这可是大汉朝建立以来，第一次在战场上打败匈奴。卫青书写的这场胜利，堪称彪炳史册的伟大奇迹，它为大汉反击匈奴，注入了足够的信心。

此后，卫青又多次远征漠北，讨伐匈奴，收复了被匈奴人侵占的河套地区，后来更是一举击败了匈奴的主力，把昔日不可一世的敌人打得再不敢与大汉为敌。

更加难得的是，卫青虽然有外戚的命，但没有外戚的病。众所周知，卫青的姐姐卫子夫后来当上了皇后，卫青又有不世之功傍身，按照这个“外戚+功臣”的配置，卫青怎么飘都不算过分，但在他的脸上，却从来都看不到半分骄矜之色。他常常对部下说：“我有幸被陛下委以重任，不患无威，也不需要在众人面前立威。至于豢养门客，更是没有意义，我们做臣子的，只需要奉公守法，尽好自己的职责就行了，何必把心思放在这上，让天子疑心呢？”

能喜欢上这样一位有实绩、低姿态，自律克己的偶像，是我的幸运，在这里，我也想把卫青安利给更多人，请相信我，卫青永不塌房！

穷巷子飞出“金王孙”

“你是当今皇帝的亲姐姐！”如果在此之前，有人对金俗说这句话，金俗一定会臭骂那人昏了头，什么狂言都敢说。然而就在今天上午，这件她做梦都不敢想的事，竟然变成了现实。

当时，金俗家居住的穷巷子附近挤满了围观群众。每个人都想看个清楚，但没一个敢真正上前，毕竟金俗家门口停着的可不是普通的官轿，是御驾！是龙辇！禁军把金俗家围得里三层外三层，所有人心中都写满了疑问，穷困潦倒的金俗怎么想都和天子搭不上边，就算犯了罪，得多大的罪才能惹得皇帝大驾光临，金家人无不惊恐，金俗更是吓得躲了起来。

没一会儿，金俗还是被人强行扶了出来，紧接着人们就看见皇帝走下御驾，笑着对金俗道：“大姐为什么藏得这么深？”而后亲自扶着她，将她送到了太后所居的长乐宫。

原来，当今皇太后王娡在入宫前，曾嫁予平民金王孙，生下了女儿金俗，可没过多久，王娡的母亲便逼迫她离婚，将她送入宫中，而金俗则被留在了民间。皇帝刘彻在即位后，才知道自己还有这样一位同母异父的姐姐，连忙将她接入宫中，与母亲团聚。

据悉，皇帝与金俗相认后，不仅赐给她金银田产无数，还将她封为修成君，金俗的女儿也成了淮南太子妃，让人不由得感叹，好运来了真是躲都躲不掉。

长安城掀起儒学热

近日不知为什么，长安城内学习儒学的热情空前高涨，不仅儒学有关的书籍被一抢而空，就连原本钻研其他学派的学者，也纷纷一夜之间“转专业”，成了口念“子曰”的儒生。为了弄清事情真相，记者专程来到了刚建成不久的太学。

太学博士小甲告诉记者，儒学的兴起并不是偶然，早在陛下（汉武帝）继位初期，就有意重用儒生，用儒学统一思想，但此事却遭到了窦太后的强烈反对。

“窦太后是黄老之学的忠实拥趸，所谓黄老之学，就是黄帝之学和老子之学的合称，这种政治思想提倡无为而治和休养生息。在此之前，大汉朝推崇的都是这种思想，窦太后也将其奉为社稷根本，自然无法接受陛下的所作所为。不仅如此，她还把鼓励陛下改革的御史大夫赵绾视作新垣平一样的骗子，将他关进了死牢，陛下没有办法，只得暂时将这件事搁置了。”

不过，如今窦太后已经去世，皇帝终于可以大展拳脚。他听从董仲舒的建议，决定从今往后只以儒家思想为正统，废除其余各家学说，学者们再不“转专业”，恐怕就要丢饭碗了。

“法学生”张汤审老鼠

前些日子，担任长安丞的老张和我们分享了一件趣事。老张告诉我们，他有一个儿子，名叫张汤，是个非常聪慧的孩子。平日里，小张汤不像其他孩子一样出去玩耍打闹，他总是安安静静地坐在房间里，翻看一些枯燥的法律条文。这天，老张出门办事，临走前让张汤留下看家，可回来的时候却发现，家里的肉被老鼠偷吃了，老张一气之下，就揍了张汤一顿。

“那孩子可能也是心里委屈，转头就挖开了老鼠洞，将老鼠抓了出来，还将老鼠偷盗的剩余‘赃物’寻回。令我没有想到的是，他并没有直接打死老鼠，而是有板有眼地走起了司法程序，不管是立案拷打，还是审讯上报，都做得像模像样，治狱文书写得比老狱吏还熟练。看来我家要出一位大法官了！”老张得意地说。

“名将有你”选拔赛在长安举办

最小参赛者年仅十八岁

公元前123年，万众瞩目的“名将有你”选拔赛正式拉开帷幕。本次大赛由大汉中央军及羽林军联合主办，由当今天子刘彻和大将军卫青、李广等担任评委，旨在为大汉朝发掘出一批敢打硬仗、能打胜仗的优秀青年将领。

据悉，本次选拔赛共有数百名身怀武艺的有志青年参加，他们有的出生于勋贵之家，世代将门；有的来自草根，却凭借着胆色，早早立下战功。他们将通过兵法、骑射、实战演练、武艺比拼等多项考核，最终仅有不到十分之一的选手能笑到最后，成为建功边陲的少年将军。

作为大赛的主办人，天子刘彻表示：“大汉苦匈奴久矣！高祖和文景时期，国家百废待兴，军队战斗力不强，不得已采取羁縻政策与和亲政策。如今经过几代的休养生息，汉朝已经逐渐强大起来，朕也不愿再忍气吞声，是时候派出大军，一雪前耻，横扫匈奴了！”

在比赛现场，记者还遇到了一位稚气未脱的年轻选手。这位小选手名叫霍去病，年仅十八岁，是天子的近臣侍卫，也是大将军卫青的外甥。当被问及是否介意会被说成“关系户”时，霍去病表现得一脸轻松：“大丈夫应该心怀天下，何必在意旁人眼光？况且我对自己非常有信心，我以后的战绩未必会比舅舅逊色，说不定到时舅舅还会以我为豪呢！”大将军卫青也欣慰地说：“在战场上有这样的接班人，我对大汉的未来充满希望。”

本报记者 包打听

文艺才子司马相如深陷情感风波

提起司马相如，大家想必都不陌生，作为汉赋大家，皇帝面前的宠臣，他不仅陆续创作了《上林赋》《大人赋》《长门赋》等优秀作品，还曾奉皇命出使巴蜀，风光无两。可这两天，他却被爆出一段复杂的情感纠葛，这可让那些把他视为“男神”的粉丝大跌眼镜，消息甫一传来，便在短时间内冲上了“大汉热搜”。

据知情人爆料，司马相如，原名犬子，因憧憬偶像蔺相如，故改名“相如”，家境微寒，之所以能进京为官，靠的全是老丈人家的资助，而他与妻子卓文君的婚姻，也难逃“骗婚”嫌疑。

当日，临邛富人卓王孙之女卓文君寡居在家，“司马相如”故意在宴会上弹奏《凤求凰》，让文君听到，撩拨她的芳心，而后又与文君相约连夜私奔。到了司马相如的老家后，卓文君才发现司马相如家徒四壁，穷困不堪，就连当日去赴宴的马车都是外借的。而后她一个十指不沾阳春水的大小姐，更是不得不与他过起了当垆卖酒的窘迫日子，还好卓王孙看不下去，施以援手，他们的经济状况才好转起来。

面对质疑，司马相如却坚决否认：“这都是你们世俗之人的偏见，文君当日看上的本来就是我的风度和才华，和钱有关系吗？”可正当众人以为这对话题夫妇会一生一世一双人的时候，长安城却又传来了司马相如计划纳妾的传闻。

对此，我们采访了当事人卓文君，卓文君眼含热泪，叹息道：“愿得一心人，白头不相离。男儿重义气，何用钱刀为！姐妹们，择偶需谨慎，一定要擦亮双眼！”

大汉音乐排行榜新鲜出炉

《李延年歌》摘得榜首

《李延年歌》的走红，离不开它背后的那位绝世美人。歌手李延年在宫廷宴会上完成首唱后，这首歌的歌词便引起了汉武帝的注意，“北方有佳人，遗世而独立。一顾倾人城，二顾倾人国，宁不知倾城与倾国？佳人难再得”。国家倾覆原本是君主最怕看到的事情，但什么样的美人会令人不惜倾国倾城，也要看上那么一眼？

这首歌就像一张请帖，为李延年的妹妹李美人打开了一扇通向荣宠之路的大门，而这段传奇的背景故事，也为这首歌曲增加了几分别样的意趣。

张骞回来了，百姓的菜篮子满了

衣食住行，民生大事。近日记者发现，长安城西市人声鼎沸，热闹非凡，百姓们的买菜热情空前高涨，更有市民一大早便赶去抢菜，唯恐落后于人，买不到心仪的蔬果。这又是怎么回事呢?

“你们还不知道吗?博望侯张骞出使西域，带回了一大堆新奇的当地特产，什么蒲桃、石榴、胡荽、胡麻、胡瓜、大蒜……都是之前没尝过的风味，贵是贵了点，可谁不想吃点稀罕的。这不?我刚刚就囤了一大堆新鲜蔬菜，回去给我们家小姐做一道补水养颜的凉拌胡瓜。”

“胡瓜没什么吃头，要吃还得吃蜜瓜！”一位西域商人热情地用蹩脚的汉语向记者介绍，“我这儿的蜜瓜都是从瓜州远道运来的，鲜嫩多汁，甘甜如蜜，连皇帝尝了都忘不了呢。”

据悉，刘彻派张骞出使西域的初衷，其实是为了联合西域各国，一起对抗强敌匈奴，但张骞却误打误撞，开辟了一条连接西域和中原的“丝绸之路”。从西域回来后，张骞不仅带回了各种闻所未闻的蔬果，丰富了长安百姓的餐桌，还带回了大宛的宝马、龟兹的乐器和西域的坎儿井技术等，大大方便了人们的生活。同时，中国的物产与技术也流通到了西方，中西方人民的交流和贸易也更加频繁了，当真是功在当代，利在千秋!

世界观察

恺撒大帝身穿丝绸长袍，惊艳四座

本报讯 近日，罗马共和国执政官、最高领袖盖乌斯·尤利乌斯·恺撒身着一袭华贵定制长袍，亮相罗马大剧院。据现场观众描述，当日恺撒所着长袍质地丝滑垂顺，呈现出稀有的紫色，随着恺撒行走，长袍还散发出淡淡的光泽感，衬得他仿佛天神降世，一时间没人再去关注戏剧，人们的视线都被这件特殊的长袍牢牢吸引。

据悉，恺撒身上的长袍是由产自遥远汉朝的丝绸制成，造价昂贵，运费同样不菲，与罗马人常穿的麻布大不相同，丝绸不仅精美奢华，而且无比轻薄舒适。自那日过后，整个欧洲贵族圈火速兴起了一股“丝绸热”，由于求购量太大，供不应求，罗马高层只得下令将对丝绸制品采取“限购”措施。

寻物启事背后的爱情传奇

朕昔日流落民间时，曾获得一把古剑，这把剑虽然看起来普通，却跟随朕多年，朕心中十分喜爱，但后来因为一些缘故，这把剑意外遗失了。时至今日，朕还时常对它念念不忘。请朝中诸卿集思广益，想办法帮朕寻回此剑，有拾到者也请尽快与官府联系，必有重谢！

联系人：刘询（汉宣帝）

近日，中书发布了一道诏令，诏令的内容正是上述这篇寻物启事。一时间，满朝大臣纷纷行动起来，都想早点寻到这把古剑，献给皇帝陛下，以表忠心。与此同时，他们心中也不约而同有了一个疑问：天子富有四海，宫中什么样的宝剑没有，为何偏对一把不起眼的古剑念念不忘?

最终，还是一位机敏的官员一拍脑门，道出了这封诏令中隐藏的玄机："陛下表面上是在说自己难舍故剑，其实他真正难舍的，是心心念念的故人啊！"

说起这位故人，就不得不提到皇帝刘询儿时的凄惨遭遇。公元前91年，汉武帝太子刘据受巫蛊之祸牵连，被人栽赃陷害致死，家中亲属也接连遇害，唯有尚在襁褓中的刘据之子逃过一劫。刘据之子自小在监狱中长大，抚养他的廷尉监丙吉为他取名"刘病已"，以祈求他百病全消，健康长大。

长大后，刘病已娶了小官许广汉的女儿许平君为妻，小夫妻感情和睦，情比金坚。后来，刘病已被权臣霍光迎回，立为皇帝，改名刘询。皇帝有了，该立谁为皇后呢？大臣们心里又犯起了嘀咕。

照理说，刘询能当上皇帝，霍光功不可没，霍光的女儿霍成君又正好到了适婚年龄，从政治联姻的角度上看，显然是皇后的不二人选。请求立霍成君为后的奏章一封封送上去，可刘询却始终没有点头的意思。大臣们都摸不透皇帝的心思，直到这道诏令的出现。

破解皇帝寻剑的深意后，朝臣们都不禁感叹，身处波澜诡谲的政治旋涡中，却依然对昔日发妻葆有一份不变的真情，陛下对许姑娘的爱真可谓感天动地。目前，他们已经商量好，将联名上书，支持陛下立许平君为后，就当是为这份无比甜蜜的狗粮买单了。

第十四期
公元183年12月31日
（本期第1版）

伪君子还是野心家？
揭秘王莽的荒唐一生

公元9年1月15日，王莽逼迫皇太子刘婴禅位，建立“新朝”，改年号“始建国”，自此，由汉高祖刘邦建立、延续了二百余年的西汉王朝宣告终结。

与其他谋朝篡位的大臣不同，王莽一生中绝大多数时间呈现给世人的，都是接近“完人”的正面形象。想不到这样一位朝臣楷模，在年过半百之际，竟做出如此大逆不道的行为，让人直呼“男人心，海底针”，“白切黑”属实是惹不得。

从“安汉公”到假皇帝，再到新朝真天子，王莽的“人设”堪称多变，可近日他却宣称，自己的志向始终如一，他所做的一切都是为了天下万民的福祉。

这究竟是王莽的心里话，还是又一枚粉饰太平的烟幕弹？敬请关注本期《历史简报》第2版。

▼本期焦点

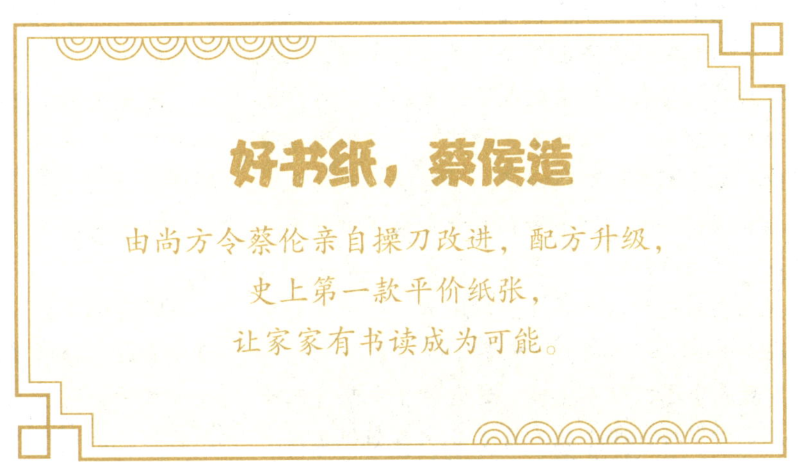

王莽改革宣告破产

春节伊始，万象更新，刚刚登基的新朝皇帝王莽也决心为国家改换一番新气象。始建国元年（公元9年）刚开了个头，他便在朝中发起了一场轰轰烈烈的改革，颁布了一系列强而有力的惠民政策，其中还包括许多闻所未闻的颠覆性举措，实在是让人充满期待。

“天下苦贫富差距久矣！朕此次改革的核心，就是要彻底消除贫富差距，像孔夫子说的那样，让所有人都遵照《周礼》，这样人与人之间就不会再有矛盾和纷争，就可以天下太平了！”提到这场托古改制，王莽脸上露出了自信的笑容。

王莽改制的第一步，就是将天下所有的田地都更名“王田”，不得买卖，据他自己介绍，这项举措仿照的是周朝的井田制。他认为，废除了土地私有制，将所有土地收归国有，再按人头公平分配，在这种跨时代的制度下，人人都有地种，有饭吃，社会将变得多么和谐呀！

同时，王莽也废除了“奴婢”这一叫法，将其改为“私属”，编入主人家的户籍，同时禁止像买卖货物一样买卖奴婢。

“不仅如此，朕还在全国范围内，推行宏观调控，由官府规范市价，推出国家贷款，让穷人不再受黑市高利贷的压迫。朕多次改革币值，定制多种面值的钱币，百姓的购物变得更加方便了！怎么样，是不是越听越佩服朕？这些都是功过三皇、德高五帝的伟大创举吧！”

本报记者 百晓生

显然这位新任皇帝仍沉浸在强烈的自我满足中，但作为此次改革的“实验对象”，广大臣民对此似乎有着不同的看法。

官吏小甲：这官名和地名天天改，什么时候是个头啊？听说皇帝陛下上个月心情大好，大笔一挥就将大司农的官名改成了“羲和”，可昨天不知怎么想的，又改成了“纳言”，这你说谁分得清？见面都不知道叫啥了，多尴尬！改地名就更是麻烦，给当地官员和百姓都带来了种种不便不说，名字改到后来连皇帝自己也分不清了，只得命人在新地名后面再注上旧地名，你说这意义何在呢？

商人小乙：可不是嘛，这钱币年年改，改出了几十种花样，每个钱币价值多少，如何兑换，却搞得混乱不堪！因为钱币越铸越多，质量也越来越差，可能过不了几天某种钱币就废止了，多少人因此倾家荡产，这怎么能说是为我们的幸福着想呢？

地主小丙：这次改制最惨的还是我们！祖祖辈辈传下来的田产，说没就没了，本来就勒紧裤腰带过日子，还要养着那些“私属”，还不准卖，日子还怎么过？再这样下去，我们就只能揭竿造反了！

农民小丁：如今天灾频发，战争不断，就算有了土地，也长不出庄稼来，照样要挨饿。原本灾荒之年，走投无路了，我们还能到大户人家卖身为奴，混口饭吃，可现在奴婢买卖被禁止了，我们就只有死路一条了！

太皇太后怒摔传国玉玺

《历史简报》编辑部：

你们好！

我之所以写信给你们，是想吐一吐心中的苦水，同时揭露王莽此人的真面目。

这些日子以来，我没有一天不活在悔恨和痛苦之中，我虽然久居深宫，但外界的那些议论我也多多少少听说了。大家都在指责我，不该提拔自己的亲侄子为官，更不该纵容外戚在朝中横行，说我简直是老糊涂了，如今的一切都是自食恶果。

在此，我承认自己的年老昏聩，识人不清。我活了八十多岁，经历了多少场复杂的宫闱纷争，自以为早已看透一切，没想到竟被王莽这个亲侄子偷了家。可这也不能全怪我，因为王莽这小子实在是太会演了，别的族中子弟都在招猫逗狗、声色犬马的时候，只有他过着俭朴的生活，克己好学，既孝顺又忠厚，哪个长辈会不喜欢？我也有意提拔，让他入朝为官。

谁能想到这些竟然都是装的，只能说知人知面不知心！等王莽真面目渐渐暴露的时候，他在朝中的势力已经只手遮天，不是我这个后宫妇人所能遏制的了。我能做的只有在他派人前来抢夺传国玉玺时，将玉玺重重地摔在地上，来表明自己和这混账小子势不两立。

为了收买人心，最近王莽时不时就来讨好我这个姑姑，还拆毁了我丈夫汉元帝的宗庙，将它改成我的食堂，真不知道他是怎么想的，难道是觉得我在这吃饭会开心吗？

如果早知道大汉江山会断送在我亲侄子手上，那我不如早点去陪先帝！

大汉太皇太后王政君

刘秀：天降紫微星，刘秀凭什么

提到刘秀这个名字，想必大家想到的都是一些美好的词汇：雄才大略、聪明仁勇、宽厚贤明、深情专一……从家境贫寒的孤儿，到连战连胜的青年猛将，再到开创了“光武中兴”的东汉开国皇帝，刘秀为什么可以这么“秀”？是哪些英雄特质让他从乱世中脱颖而出，成为男女老少眼中的新晋“国民男神”？今天，我们采访到了几位刘秀的支持者，从第三视角重新审视这位“天降紫微星”。

刘秀兄长刘縯：我和刘秀既是亲兄弟，也是一起创业的伙伴。我们刚刚起义的时候，连战马都没有，只能骑牛上阵，能走到今天真的不容易。其实年少的时候，我没太把这个弟弟放在眼里，总觉得他是个老实人，每天只知道耕田种地，挂在嘴边的志向也不过是“仕宦当作执金吾，娶妻当娶阴丽华”，能有什么出息？在我眼里，如果把我比作汉高祖刘邦的话，他不过就是刘邦的弟弟刘仲，可直到我们在舂陵起兵，人们都愿意追随他时，我才意识到刘秀这家伙不简单。后来我被更始帝刘玄猜忌，更加深刻地明白了韬光养晦的重要性，可惜已经来不及了！

更始帝刘玄：朕猜忌刘縯、刘秀兄弟，正是因为意识到了他们的过人之处啊，特别是刘秀，简直是鹤立鸡群一样的存在，叫人不得不防。朕还记得，那时朕刚被拥立为皇帝不久，王莽派王邑等人率四十二万精兵攻打昆阳，而镇守昆阳的刘秀手里只有一万多兵力，这局势听得朕心惊肉跳，心想刘秀这回必败无疑，谁承想他竟凭借战术和勇气克敌制胜，就连老天都帮他，在双方交战那天下起暴雨，这样的能力和运势，叫朕怎能不提防？

侍御史杜诗：陛下虽然是马上取天下，但他却明白不能马上治天下，因此当国家安定后，他便再不提起军旅之事，与那些穷兵黩武的帝王相比，这是多么从容的心境啊！陛下还强调，要以“柔道”治天下，跟随他创业的功臣们基本上都得以善终，他轻徭薄赋，发展生产，让老百姓从战乱中缓过劲来，国家也渐渐昌盛起来。可即便做了这么多，他仍保持着谦逊的态度，认为自己做得还不够好，没有让子民过上幸福的生活，真应该让王莽来看看，什么才是为百姓做实事的皇帝！

平民女子竟成后宫赢家

近日，皇帝刘秀与皇后阴丽华一同亮相祭天大典，引起广泛关注，这也是阴丽华被立为新任皇后后首次公开露面，只见她气质从容，举止得体，颇有国母之风，与刘秀站在一起，堪称郎才女貌，十分般配。

然而，阴丽华的封后之路并非一帆风顺，在刘秀提出要废掉皇后郭圣通，改立她为后之初，就遭到了不少舆论反对。很多人都觉得，阴丽华固然贤德，但郭圣通也没有犯下大的过失，皇后的更换关系到国家的稳定，不能根据皇帝的个人喜好就随意决定。

对此，刘秀的态度十分坚决，他说："阴丽华是朕的原配妻子，也是朕的初恋，这些年与朕同甘共苦，没有人比她更有资格做皇后，当年郭圣通之所以能登上后位，是丽华为了大局，坚决辞让的结果。郭圣通虽然出身高贵，但总是心怀怨怼，恐怕不能好好抚养子嗣。朕想要改立阴丽华为后，是经过深思熟虑的决定，并非一时冲动。"

同时，刘秀也表示，郭圣通虽然失去了皇后之位，但仍可以以中山王太后的身份，享受尊荣和供养，他也会善待郭圣通的长子、原太子刘彊，不会让他因为失去储君之位，就遭受苛待，大家尽可放心。

世界观察

倭国使者朝见汉皇

本报讯 建武中元二年（公元57年），倭国派遣使者前往洛阳，朝见汉朝天子刘秀。据了解，倭国地处偏远，漂浮于大海之上，人民依山岛而居，整个海岛上分布着密密麻麻上百个小国，每个小国各自为政，其中大倭王居住的地方被称为邪马台国。倭国与汉朝风俗迥异，生活状态非常原始，此次遣使来汉，也是因为仰慕汉朝的强大国力和先进文化，天子接见了倭国使者，并赐蛇钮金印一枚，印上用隶书篆刻"汉委（倭）奴国王"五个字，表明汉朝承认倭国为自己的藩属国。

终于！班固获得编修国史批准

就在刚刚，一则激动人心的消息自汉宫传来——日前因“私修国史”而被羁押入狱的史学家班固被无罪释放。

出狱当天，班固的弟弟班超、妹妹班昭都守在门外，迎接这位无辜被囚的兄长，几乎同一时间，朝廷的任命诏书也送到了班固手里。从今以后，他将以兰台令史的身份，合法合规地继续为汉朝编撰国史。

关于班固的入狱原因，记者咨询了相关法律专家。专家表示：一直以来，朝廷对史料的掌管都十分严格，按照汉律，官员家中想要收藏一套国史，都要经过层层审批，更不用说私自编修国史，这可是会掉脑袋的大罪。

不过，班固此举，严格来说，并不算是“私修国史”，只是在继承父亲班彪未竟的事业，是对《史记后传》的完善，当今天子贤明，如若家属向上申诉，确实有免罪的可能。

据了解，当日班固被捕后，他的弟弟班超当即赶赴洛阳，为兄长申冤。经班超多方奔走，此案引起了朝廷的充分重视，就连天子也亲自过问。最终，班固被判无罪，不仅如此，他还受召进入皇家校书部任职，入狱当日被查没的史书资料也都如数奉还，有消息称，天子还打算将编修《汉书》的光荣任务交付给班固。

面对我们的采访，班固流下了激动的泪水，他表示，从今往后他一定潜心修史，不辜负天子的厚爱和期望。同时，他也对自己的弟弟妹妹表示了感谢，他说班超和班昭的才能不逊于自己，假以时日，他们必定会在自己的领域发光发热，青史留名。

皇家书法协会开展书法交流活动

公元101年4月9日，一场别开生面的书法交流活动在德阳殿殿内举行，众多书法爱好者齐聚一堂，值得一提的是，本次交流活动的举办者正是当今天子刘肇。刘肇表示，此举不仅是为了弘扬书法文化，更是为了纪念自己的父亲汉章帝刘炟。

据悉，4月9日这天正是刘炟的忌日，刘炟生前酷爱书法，尤善草书，他还专门将自己最喜欢的草书字体，规定为大臣们写奏章必须使用的官方字体，因此后来人们也把这种字体称为“章草”。汉章帝不仅在书法领域做出了杰出贡献，还曾在白虎观召开经学交流大会，会上学者们各抒己见，最终确立了一套以谶纬之学为核心的正统思想，对儒学的传承和发展有着重要意义。

班超："班定远"的工作日志

永平六年×月×日 天气 阴

今天依旧是平平无奇的一天，为官府抄书抄得我手腕发麻，要不是为了奉养老母，谁愿意做这劳什子差事？人人都和我说，要干一行，爱一行，他们怎知我志不在此？我可是要万里封侯的男人啊！

"万里封侯"这个说法，可不是我凭空胡诌的，这是我去年刚到洛阳的时候，一位高人替我相面的时候说的，他说从面相来看，我额头如燕，脖颈如虎，这不就是既能高飞又能吃肉吗？所以日后必定会在万里之外封侯，我觉得他说得很有道理。可如今我屈身在这狭窄府衙里，碌碌度日，理想要怎么才能实现呢？

永平十年×月×日 天气 晴

今天，我又提起了万里封侯的事情，一同抄书的同事们都讥笑我，气得我把笔摔了，大喊："男子汉大丈夫就算没有其他的宏图伟略，也应该像傅介子和张骞那样，在异域建功，换取侯爵之位，哪能整日埋头在这笔墨之间呢？"迎接我的又是无尽的嘲笑，唉，燕雀安知鸿鹄之志！

永平十六年×月×日 天气 大雨

我失业了。先前，大哥在陛下面前为我谋了份体面差事，结果我去了以后才发现，还是抄书！只不过这回是替皇家掌管文书。这份工作没做多久，我就因故被免职了，亲朋们都为我感到遗憾，觉得我丢了铁饭碗，不过我却落得轻松，听说奉车都尉窦固即将率大军征讨匈奴，正在征兵，我感觉我扬名的机会来了！

永平十六年×月×日 天气 晴

经过几次大战后，窦固将军十分欣赏我，不仅让我带兵上战场，还派我和郭恂一同出使西域。西行的第一站，我们来到了鄯善国，鄯善国的国王热情地款待了我们，可奇怪的是，这才刚过几天，他的态度却忽然冷淡下来，我合理怀疑，是有另一股势力介入其中，才令他摇摆不定。

夜间，我扣留了前来送饭的鄯善侍者，假意诈他，问他匈奴使者现在人在何处？侍者果然上钩了，瑟瑟发抖地交代，北匈奴的使者已经抵达鄯善。虽然掌握了情况，可我们一行人加起来，只有三十六个人，又身处他国境内，真打起来显然是不占优势的。可我转念一想，不入虎穴，焉得虎子，不主动出击，难道坐以待毙吗？

思及此，我立刻坚定了决心，部下们也受到了鼓舞，于是我们连夜偷袭了北匈奴的营地，趁他们不备，一招虚张声势，就将北匈奴使者全部拿下。没了北匈奴使者做靠山，鄯善王想必也不敢再倒戈了。经此一战，我离封侯的目标又近了一步，接下来我会用实力证明，我投笔从戎的决定没有错！

悲报！“跋扈将军”毒杀九岁帝王

公元146年7月26日，东汉王朝的第十位皇帝刘缵突然于洛阳宫中崩逝，年仅九岁，这是继汉冲帝刘炳后，近年来第二位夭折的小皇帝。皇帝的接连夭折，让举国上下人心惶惶，经过记者多日暗访，终于有一位知情宫人愿意以匿名的方式，向我们揭露事情的真相。

“陛下小小年纪，活泼聪慧，怎么会轻易夭折？陛下根本不是病死的，而是被梁冀毒死的！”

谈起那天的情形，宫人犹有几分哽咽：“陛下登基以来，虽为皇帝，却处处受到梁冀的挟制。他年纪小，还不懂得隐藏心思，那日气极了，脱口而出，骂梁冀是‘跋扈将军’。梁冀跋扈，是前朝后宫有目共睹的，可就是因为这么一句实话，却触怒了梁冀。没过两天，梁冀就派人送来了有毒的煮饼，把陛下毒死了！”

梁冀之所以有这么大的胆子，是仗着自己梁太后哥哥的身份，也就是我们常说的外戚。大汉重用外戚之风已久，有权势的外戚甚至可以控制皇位继承，把皇帝变成自己的傀儡。在察觉到刘缵不好控制后，梁冀便残忍地除掉了这位小皇帝，另立蠡吾侯刘志为皇帝。

有小道消息称，这位新皇最擅长的就是扮猪吃老虎，他已在暗中培养亲信宦官，来对抗以梁冀为首的外戚势力，梁冀还能嚣张几时？宦官真的能成功拯救汉朝吗？让我们拭目以待。

是神棍还是先知？张衡新发明惹争议

作为一名杰出的文学家，张衡创作了《两京赋》《归田赋》等汉赋经典篇章，这已经是世人毕生难以企及的高度，但斜杠青年张衡并不满足于此，最近他又搞起了科学发明，据说他设计出了一种可以测报地动的先进仪器，命名“地动仪”。

地动仪外形如同一个大鸡蛋，鸡蛋的八个方位各自趴着一条龙，龙嘴里衔着一枚铜丸。每当某个方位发生地震时，对应的龙头就会吐出铜丸，落在下方的铜蟾蜍口中。这台仪器究竟是不是“花架子”，许多人对此都持怀疑态度，毕竟地动之事乃是天数，哪里是人能测算的？

但就在上月，一向沉寂的地动仪忽然动了起来，只听“当啷”一声，位于西方的那条龙口中衔着的铜丸重重地落了下来，把所有人都吓了一跳。但惊慌过后人们又开始怀疑，洛阳西面一切平静，哪里有半点发生地震的样子？不过几天时间，张衡在洛阳百姓的口中已经从“大发明家”跌落成了“大骗子”。可没过多久，神奇的事情发生了，与洛阳相隔千里的陇西传来消息，当地果真发生了大地震！这下所有人才对张衡心服口服。

第十五期
公元 191 年 12 月 31 日
（本期第 1 版）

多地爆发黄巾起义

为首者自称“天公将军”

公元184年年初，一伙头上绑着黄头巾，高喊“苍天已死，黄天当立，岁在甲子，天下大吉”的怪人出现在了人们的视野中。这群人看起来神神道道，行为怪异，每天不是闯进官府中打砸，就是在人家大门上乱涂乱画。经记者调查，他们背后竟然有着一个庞大的组织。

据调查，组织的领导者名叫张角，自称“天公将军”，他的两个弟弟张宝和张梁则自称“地公将军”和“人公将军”。三人以“太平道”为幌子，在短时间内就吸纳了数十万教众，他们联合起来，组成了一支声势浩大的“黄巾军”，对腐朽的东汉王朝发出了宣战。

因为公元184年是甲子年，张角便把“岁在甲子”定为起事的口号。虽然约定的起事时间还没到，黄巾军就被叛徒出卖了，但这支由贫苦百姓组成的大军还是势如破竹般占据了全国多个州县。直到这时，洛阳深宫中的汉灵帝才意识到事情的严重性。

面对如此浩浩荡荡的起义军，东汉朝廷会采取哪些应对措施？又是什么将几十万普通民众逼到了不得不造反的境地？敬请关注本期《历史简报》第2版。

本期焦点

寻物启事

因宫廷内乱，皇室不慎遗失传国玉玺一枚。
传国玉玺原为秦丞相李斯奉秦始皇之命打造，
上刻有“受命于天，既寿永昌”八个字，传承至今，意义非凡。
如有拾到者，请速与廷尉府取得联系。
原物归还，必有重赏，
如敢私藏，夷灭九族。

“造反纯属无奈”，参与者自述惨痛内幕

本报讯 黄巾起义爆发后，朝野震动，朝廷当即颁下诏令，拜何进为大将军，命令他率领重兵，镇守京师。同时，天子也号召朝中大臣和各地官员有钱的出钱，有力的出力，有兵的立刻发兵，务必在短时间内，将黄巾叛军一网打尽。

然而，面对朝廷的镇压和清剿，黄巾军非但没有退缩，反而更加奋勇地冲锋，将官军打得连战连退，是什么赋予了这些平民如此强大的精神力量，让他们敢于直面官军，不畏牺牲？为了探究背后的真相，本报记者冒险潜入黄巾军中，通过暗访的形式，带大家深入探究这些起义者的心路历程。

“但凡有一点办法，谁想和朝廷对着干呢？就拿我自己来说，我是为了一口饭才加入义军的。这几年各地天灾不断，很多地方颗粒无收，粮价涨得比黄金还快，朝廷发的赈灾粮却少得可怜。再加上宦官横征暴敛，贪官污吏横行，我们这些老百姓是实在没辙了，这才不得不拿起农具做武器，闯进官府抢夺粮食。”受访者小甲（化名）告诉记者。

受访者小乙（化名）对此也有同感：“我是为了治病，才来投奔天公将军的。前两天，我的家乡爆发了瘟疫，尸横遍野，几乎家家户户都有生命垂危的感染者，我也不幸染病，没钱买药。就在我即将绝望的时候，有人告诉我，天公将军神通广大，用符水治好了不少人，抱着试试看的态度，我来到了这里，想不到身体真的渐渐好起来了。天公将军是上天派下来拯救黎民百姓的‘大良贤师’，是活神仙，我们都信服他，跟着他干准没错！”

受访者小丙（化名）是张角手下的三十六渠帅之一，他参加起义的缘由和上面两人有所不同，他本是山贼出身，拥有自己的一小股势力，在他看来，汉王朝气数已尽，加入黄巾军，或许能成就一番大事业。“天天喊着什么匡扶汉室，在我看来，汉室早晚要完。你看这些年来登基的皇帝，不是年幼无知，受外戚宦官挟制，就是昏庸贪婪，为所欲为，根本不把百姓的死活当一回事，倾覆也是早晚的事。你别看那些地方官员天天带兵和我们对着干，说不准哪天他们实力够强了，也会成为叛军，争着自己当皇帝！”

截至记者暗访结束，朝廷和黄巾军的对抗还在继续，大汉王朝的命运将会走向何方？眼下仍是未知数。

当朝名士深陷买官丑闻

背后真相触目惊心

有群众向本报提供线索，控告某崔姓名士在朝中大行官位买卖之事，败坏纲纪，令人不齿。消息一出，便引发了社会各界的广泛关注，相关证据一一浮出水面，最后，人们更是直接将目光锁定在冀州名士崔烈的身上。

对此，崔烈发文澄清："冤枉啊！烈一心只愿陛下一夜暴富！"

据崔烈倾情剖白，自己出身名门，德高望重，要做高官也是轻而易举，原本是决计不肯掏钱买官的。

"还不是陛下的近侍和我哭穷？说什么陛下最近因为没钱，生活变得十分拮据艰苦，不仅要亲自在宫中摆摊叫卖，就连座驾也不得不从骏马换成了四头叫驴，西园虽然修了一千多间宫馆，但宫人们穷得连衣服都快穿不起了！我听得眼泪都要掉下来了，想自己身为名士表率，那自然要为陛下分忧，二话不说，当场掏出五百万捐献给天子。"

"什么？你问为什么捐完这五百万，就坐上了司徒的位置？拜托，慈善晚宴还要给发个证书呢。我为朝廷解决了心腹大患，送我个三公之一做做怎么啦？"

据此，我们紧急联系了大汉御史台，御史台表示，这事有皇帝盖章，程序合法，属于正规买卖行为，你们要找消费者协会。

消费者协会则表示，咱陛下卖官鬻爵价格公道，消费者满意度极高，要不满也该是咱们陛下不满。没听说吗？陛下最近经常和十常侍抱怨，说自己当时急着用钱，给崔卿打了对折，价格实在是太良心了，现在想来其实还可以再竞竞价呢！

招聘启事

招聘岗位： 园丁（1名）

工作地点： 皇宫西园"裸游馆"

工作内容： 负责园内花卉植被的修剪和打理

经验要求： 需了解名贵花卉"夜舒荷"的生长习性和培育方法。夜舒荷是一种南国进贡的水生植物，花大如盖，昼舒夜卷，一茎四莲。

薪资： 面议

三豪强倒行逆施 遭热血青年怒批

近日，一条青年隐士指着鼻子怒骂篡逆之徒的视频在社交媒体上疯传，路过群众纷纷为该隐士的赤诚和辩才点赞。

据悉，这位隐士不是别人，正是在洛阳、济南等地都小有名气的曹操曹孟德。曹操辞官隐居后，在老家过着与世无争的生活，春夏读书，秋冬弋猎，自娱自乐，十分悠闲，这还是他第一次重新出现在公众视野中。

面对我们的采访，热血青年曹操痛斥合肥逆党："就冀州刺史王芬、南阳许攸和沛国周旌他们几个，仗着自己家里有点产业，什么大动作都敢搞。他们一进门就疯狂地给我洗脑，拉我入伙，说要废皇帝立合肥侯，效仿伊尹、霍光，做盖世权臣。我一把就推开了，说开玩笑！我曹某人是大汉忠臣，怎么可能做出这种大逆不道的事情？谁不知道，废立皇帝那可是天底下最不祥的事情，是要遭天谴的！况且就凭你们仨，也不掂量掂量自己的水平，你们有伊尹的地位吗？有霍光的权势吗？他合肥侯有做皇帝的资格吗？要啥啥没有，你搞这套，这不是自取灭亡吗？"

对此，记者追问道："那如果有一天，您有了伊尹的地位和霍光的权势，您的立场会发生改变吗？"

热血青年曹操听后陷入了沉默，久久都没说出话来。

随后我们又采访了此事件的另一位当事人，南阳名士许攸。许攸表示，曹阿瞒这个人他可太了解了，小的时候自己和曹操、袁绍他们常常在一起玩，顶数姓曹的蔫坏，整天飞鹰走狗，是当地有名的街溜子。他叔叔看不惯就去向他爹告状，结果这厮居然假装中风，吓得全家都跑来看他，他却说："我起初没中风，是因为失去了叔父的爱，才这样的。"噫，你品品，是不是茶香四溢？

最后，许攸还宣称："年轻人，话不要说得太早，回旋镖不一定会扎在谁身上，等着瞧吧。"

何进：大将军之死

编者按 公元189年，汉灵帝刘宏驾崩，大将军何进立皇子辩为帝，至此，这个屠户出身的汉子脚踩名门公卿，走上了权力的巅峰。然而仅仅四个月后，何进便横死于一场宫变。是谁杀死了何进？何进作为掌管禁军的大将军，为何会这样不堪一击？今天，我们邀请到了事件亲历者袁绍，请他带我们回顾一下那场宫变的来龙去脉。

小编：袁绍你好！我想请问一下，大将军何进遇害那晚，究竟发生了什么？

袁绍：提起这事我就生气，之前我没少提醒何进，眼下先帝去世不久，宫中宦官们心怀鬼胎，劝他少进宫，可他偏偏不听，黑灯瞎火的不带护卫，孤身跑到宫里去见太后，结果当场就被十常侍砍掉了脑袋。

小编：“十常侍”是谁？

袁绍：你这个小编也太孤陋寡闻了，连十常侍都不知道？先帝在世时，宠信宦官，到了无法无天的程度，以张让、赵忠为首的十余个宦官在宫中担任中常侍，他们祸乱朝纲，欺压百姓，不管是大臣还是平民，都对他们恨得牙痒痒。

小编：原来如此。那何进又是怎么得罪了这群人？

袁绍：这还要从不久前的皇位之争说起。先帝在世时，有意废掉何皇后之子刘辩，立王美人所生的刘协为帝。宫车晏驾后，宦官蹇硕便暗中操办此事，而他首先要做的，就是除掉何皇后的哥哥何进。但因为有人暗中给何进通风报信，蹇硕的计划非但没能成功，反而把自己搞死了。从这往后，何进和宦官的梁子算是结下了。

小编：既然如此，何进为何不干脆派兵一举把十常侍铲除了，岂不是大快人心？

袁绍：何太后不干啊。后宫是十常侍的天下，何太后身处其中，难免会被他们蛊惑，无论如何也要庇护那些宦官。何进不管怎么说，也是靠妹妹发家的，所以何太后的面子他不得不看，诛杀十常侍的事便迟迟没有进展。

小编：你们就没想想办法？

袁绍：想了。我提议陛下召集四方猛将和各地豪杰，一齐带兵进京，对太后进行兵谏，太后害怕了，自然就会松口。

小编：照如今的形势看，这可不是什么好主意啊。

袁绍：我哪里会想到，这道命令竟会招来董卓这样的恶徒？说起来，当初曹操还劝过我，说不过是几个宦官，只要派一个狱吏捉拿元凶，就可以解决此事，何必引虎驱狼，召来董卓呢？如果当初我们听曹操的话，何进或许就不会死了。

小编：十常侍之乱最后是如何平息的？

袁绍：当夜，得知何进死讯后，我立即带兵入宫，火烧宫室，将宦官全部杀死。不过一波未平一波又起，刚除掉十常侍，董卓又占据了朝廷，这个无耻之徒还说要另立皇帝，真当我袁氏是吃素的吗？

小编：您是有什么计划了吗？

袁绍：没错，我已经联合各路诸侯组成了一支讨董联军，董卓的末日就要到了！

汉室宗亲殴打上级官员?

三名案犯正被通缉

近日，安喜县发生一起恶性殴打官员事件，三名案犯在逃中。目击者透露，打人者名叫刘备，字玄德，是涿郡涿县人，自称大汉宗室，乃中山靖王之后。身长五尺七寸，胳膊很长，双手垂膝，长着一双大耳，前不久因镇压黄巾军有功，被派到安喜县来做县尉。

刘备为人厚道，体恤民情，在县中人缘极好，但就因为没钱没后台，不幸成了朝廷裁撤官员的大潮中第一批牺牲者。官做得好好的，突然就收到了来自郡督邮的遣散通牒，刘备气不过，便带上关羽、张飞两个兄弟，将督邮绑起来，鞭打了两百下，而后弃官逃之夭夭。虽然不少人都认为，刘备遭受了不公正的职场霸凌，其情可悯，然而这样过激的行为显然触犯了汉律，故官府对刘备等三人予以批捕，如有发现案犯行踪或线索者，请立即报知当地县衙并领取赏金。

关于帝位废立的重要通知

大汉文武群臣：

经司空董卓连日考察发现，当今皇帝刘辩暗弱无能，不配为天下之主；陈留王刘协仁孝，圣德伟茂，理当继承皇位，故决定废皇帝为弘农王，立陈留王为皇帝，令皇太后还政。

特此通知。

大汉尚书丁宫拟于崇德前殿

昭宁元年九月初一日

劈董卓的雷正在来的路上

最近，街头巷尾流传着这样一首童谣：“千里草，何青青。十日卜，不得生。”引发了许多人的好奇。有人将这首童谣里的字拆解后，发现其背后竟暗含着“董卓将死”的预言。为什么大家都如此痛恨董卓？针对此事，记者进行了暗访。

“董卓进京以来，窃夺权柄，坏事做尽。他不仅谋害太后，毒杀皇帝，还放任手下士兵在洛阳城大肆烧杀抢掠，害得洛阳民不聊生。”某官员匿名向我们哭诉。

董卓为人残暴，异常嗜血。有一次，侍御史扰龙宗拜见他的时候，仅仅是因为忘记解下腰间佩剑，就被活活打死。他还经常在宴会上公然羞辱大臣，虐杀降兵，现在的朝堂简直比人间地狱还要可怕。

“董卓做的最大的一件坏事，就是把都城从洛阳迁到了长安。”迁都之事，古今咸有，但像董卓这种迁法的，还是头一遭。为了不让对手占据洛阳，他干脆命手下一把火烧光了这座古都中的所有宫殿，还让士兵发掘帝陵，盗取财物。之后，他又命令军队，驱赶着洛阳及周边的数百万人口，随自己一同迁往长安，一路上百姓相互践踏，加上瘟疫、饥饿、匪患，死在途中的不可计数，路边堆满了尸体，怎一个“惨”字了得？难怪人们恨董卓恨得咬牙切齿。

沉痛悼念刺董义士伍孚

近日，在司徒王允的家中举办了一场特殊的宴会，这场宴会中没有美食和歌舞，有的只是深深的叹息和隐忍的抽泣声。在座的一位官员偷偷告诉我们，他们今天之所以聚在这里，是为了悼念因刺杀董卓而壮烈牺牲的英雄伍孚。

伍孚曾在朝中担任侍中、河南尹、越骑校尉等官职，他质性刚毅，忠诚正直，且又略通一点武艺。董卓入京以来，坏事做尽，朝中对其行径心怀愤恨之人不在少数，但官员们大多迫于董卓权势，不敢反抗。令所有人都没有想到的是，平时与董卓走得很近的伍孚，会突然做出刺杀之举。

当时伍孚将佩刀藏在朝服之中，假意去找董卓议事，待到董卓起身送他出去的时候，便抽出刀，奋力向董卓刺去。不幸的是，董卓在西凉带兵多年，力量上远胜伍孚，刺董大计未能成功，伍孚被当场擒获，惨遭杀害，就连伍孚的家人也没能逃过此劫。

据目击者回忆，伍孚至死都没有向董卓低头：“当时董卓大怒，斥问伍校尉是要造反吗？伍校尉只是冷笑了一声，大喝道：‘你不是我的君，我也不是你的臣，何反之有？我今日既然敢来杀你，就不惧一死，你乱国篡逆，恶贯满盈，我只恨不能车裂你，以谢天下！’”声声壮烈，言犹在耳。

席间，王允含泪表示，伍孚不会白白牺牲，他们一定会想办法除掉董卓，为伍孚报仇雪恨。

破虏将军遭遇“猪队友”

近日，破虏将军孙坚公开怒斥袁术背信弃义，克扣义军粮饷，致使战机延误，讨董进程也因此受挫。孙坚告诉我们，他与袁术早有约定：由他为先锋率部攻打洛阳，袁术则作为后援，为义军供应粮草。没想到他这边连战连捷，还斩杀了敌军大将华雄，可前去讨要粮饷的时候，袁术那边却变了卦。

“将士们都饿得要命，军粮却迟迟不来，我在军中急得团团转。后来实在等不了了，我便骑上一匹快马，直奔鲁阳，去找袁术要个说法。但真到了袁术帐中，这厮却眼神飘忽，一副顾左右而言他的模样，看得人心头火起，我再忍不住，就把他大骂了一顿。”

“我就直说被董卓杀了全家的又不是我，而是你袁氏，而今我在前线舍命拼杀，为你报家仇，但你作为盟友，却听信小人之言，非但不施以援手，反而还背刺我，克扣义军的军粮。你自己看看，这像话吗？眼下讨董形势一片大好，董卓被我打得节节败退，如果真的因为我们内部互相猜忌，致使功败垂成，岂不是太可惜了！”

听了孙坚这掷地有声的斥问，袁术幡然醒悟，当即为孙坚调拨了军粮。不过从孙坚的表情来看，他已经被这个所谓的“讨董联盟”伤透了心，让人不由得感叹：“不怕遇见狼一样的对手，就怕遇见猪一样的队友。”

★ 讨董联盟就地解散 ★

近日，由袁绍担任盟主，袁术、韩馥、孔伷、刘岱、王匡、张邈、桥瑁、袁遗、鲍信等十余路诸侯组成的关东联军宣告解散，让所有人直呼意外。毕竟当初他们会盟的时候，声势可是十分浩大，“讨伐董卓，兴复汉室”的口号也喊得响亮，而今却草草收场，让人不由得纳闷，这群人怎么走着走着就散了呢？

奋武将军曹操向我们透露，关东联军会解散，他一点都不意外：“所谓的联盟本身就是一个巨大的草台班子。原本我带着人马前来会盟，也是怀揣着一腔壮志，可没过多久我就发现，这些诸侯整天只想着瓜分地盘，为自己牟取私利，根本没把讨伐董卓放在心上。当时我在荥阳苦战，关东诸侯们坐拥十几万大军，却整日饮酒欢会，不肯进军。不仅如此，有时诸侯之间还会内讧，好好的联军被打得七零八落。想当初，我们举兵讨董是为了大义，现在却把仗打成了这个样子，徒惹天下人耻笑，我真为他们感到羞耻！”

关东联军解散后，天下再没有一股强大力量能与董卓正面对抗。难道大汉江山就要完全落到董卓手里了吗？预知后事，请订阅下一期《中国历史简报》。

第十六期
公元 207 年 12 月 31 日
（本期第 1 版）

▼本期焦点

普天同庆！董卓死了

公元192年5月22日，伴随着一声“董卓死了！”的欢呼，长安城百姓们脸上痛苦恐惧的神情一扫而空，每条大街小巷，每个人都在高呼着“恭喜恭喜”。

据本报记者从现场传回来的报道，董卓被诛后这几日，连天气都格外的好，日月清净，微风不起，庆祝的人们涌上街头，载歌载舞。士兵们高呼着“万岁”，就连姑娘们都卖掉自己的首饰和衣裙，用换来的钱买来酒肉，交相庆祝，热闹的人群塞满了长安的每一条街道。路上也不乏肆意痛哭者，他们都是袁氏的门生故旧。当初，袁绍聚集诸侯讨董，董卓担心袁氏家族会在长安做内应，便灭了袁氏满门，如今大仇得报，袁氏门生终于等来了正义，他们重新安葬了袁氏家族的尸体，又将董卓的尸体挫骨扬灰，撒在袁氏的坟墓旁，狠狠出了一口恶气。

那么，是谁杀了董卓？袁绍联盟几十万大军都没能办到的事，他又是怎么办到的呢？

欲知详情，请翻阅本期第2版

揭秘董卓之死

就在不久之前，祸乱朝纲的董卓已经被司徒王允等人一举铲除，大快人心。我们可以看到，虽然文武大臣们还没有从董卓之乱的阴影下走出来，但目前他们已经恢复了正常的上朝流程，一切似乎都在好转。作为此次事件的布局者，王允在今日下朝后专门抽出时间，接受了本报的采访，在谈到董卓犯下的那些滔天恶行时，他依旧心有余悸。

“董卓拥兵作乱，毒杀天子，焚烧宫室，盗掘陵墓，实在可恶！很多人都不知道，为什么那段时间，董卓的手下总是能立下战功，其实这都是杀良冒功的结果。那段时间，董卓时常派人袭击郡县，杀死那些无辜的老百姓，将他们的头颅砍下，当作敌人的首级，从而谎报战功。除此之外，董卓自己也时常做出非人之举，他不仅大肆搜刮财物，存放在他为自己修建的郿坞之中，还随意杀戮侮辱朝臣，这样的奸贼，岂可容他留于世间？”

王允告诉我们，他有心杀贼，怎奈手中无兵，不能像各路诸侯那样，与董卓正面交战取胜，但武力不成，就靠智力。他蛰伏朝中，静观形势，一段时间过后，一个计划在王允的脑海中诞生了。

“董卓的义子吕布出身寒门，勇武过人，过去他曾担任并州刺史丁原的主簿。但后来，吕布为了名利杀死了丁原，投奔了董卓，董卓对他十分信任，让他负责护卫自己的安全。某天，我发现吕布闷闷不乐，便邀他来家中小聚，正好我与吕布也有旧交，他便将自己那段时间的经历一五一十，全都告诉了我。”

原来董卓一向性格偏激，喜怒无常，稍不顺心便拔出手戟投向吕布，多亏吕布身手矫捷，不然不知道受伤多少回了。那段时间，吕布还与董卓的侍妾私通，唯恐被董卓发觉，对他是又怨又恨又怕，常欲杀之而后快。

“有了吕布这个‘内应’，我们动手就方便多了。”

当日，天子大病初愈，董卓乘坐着他的“竿摩车”，前去朝见天子。董卓自恃陈兵夹道，一路护卫，安全无忧，没想到刚刚进入北掖门，就遭到了李肃等人的埋伏，被一戟刺中。当时董卓身穿甲胄，这一戟没有危及生命，但他也受了重伤，从车上重重摔了下去。董卓从地上爬起来，惊恐地高呼：“吕布何在？”想不到吕布却高喊着“奉诏讨贼”，将他一矛刺死。就这样，十几路诸侯合力都没能打败的董卓，在须臾之间，便被王允等人设计杀死了。

在谈及这桩刺董大功的时候，王允热泪盈眶，他说：“功劳不功劳什么的都不重要，我身为汉臣，世受国恩，能够为国除贼，保护君王，就算是豁出我这条老命也值了！”

本报记者 包打听

吕布：说英雄谁是英雄

编者按 在传说演义中，吕布手拿方天画戟，胯下赤兔马，威风凛凛，是一员万夫莫当的悍将。历史上的吕布同样神勇，在陈寿的《三国志》中留下了浓墨重彩的一笔。但因为吕布作为将领，两次杀掉自己的上司丁原和董卓，所以也被贴上了“轻狡反复”“唯利是图”“狼子野心”的标签，被视为小人。本期“热点人物”，吕布想为自己辩驳一下，证明真正的“小人”另有其人。读了他的这篇自白后，你会选择相信他吗？

自我介绍一下，我姓吕，名布，字奉先。不是我自夸，想当年我杀董卓，封温侯，也算是当世知名的勇将，可此刻，我却被曹操所擒，眼看就要走到生命的尽头。

在临死前，我想向公众揭露一个人的真面目，他就是“伪君子”刘备。

这刘备原本只是一织席编屦之徒，不知怎么的，竟混成了徐州牧。兴平二年（公元195年），我四处漂泊，来到了徐州，我有意与刘备搞好关系，又是请他来家中做客，又是和他称兄道弟（当然我是兄，他是弟），可不知为什么，刘备面上在笑，神态上却始终一副不痛快的样子。我在徐州待了一段时间，缺兵断粮，心中始终不痛快，想我吕布，堂堂一个大英雄，在这乱世之中竟无立足之地，假使徐州为我所有，该有多好？

我在心中暗暗盘算着，等待机会。终于有一日，我收到了袁术的来信，他邀我与他合作，共击刘备，还许诺我将会送来无数的粮草兵器。我心中大喜，当即答应下来，趁着下邳城大乱，袭取了徐州，还俘虏了刘备的家眷。

但作为一个胸怀宽广的人，我并没有置刘备于死地，非但释放了刘备的家人，还允许他驻扎在小沛。不仅如此，袁绍派遣大将纪灵率兵三万攻打刘备的时候，我还曾出手相救。当时，我为了化解双方之间的争斗，可谓煞费苦心。我专门设下酒宴，邀请纪灵和刘备前来赴宴，又在军营门口竖起一支戟，对纪灵说：“刘备刘玄德，是我的小弟，我见小弟被你们围困，不能不来搭救。我平生不喜欢争斗，只喜欢解斗。这样吧，你卖我一个面子，如果我能一发射中这支戟的小枝，大家就各自散了，如果射不中，你们就留下来决斗。”在众人惊异的目光中，我果真一箭命中小枝，那一刻的我是何等威风，又是何等神勇？现在想来真是令人唏嘘。

可刘备非但不知感激我，反而对我恩将仇报。就在刚刚，我被曹操生擒，生死之际，我试图说服曹操，招我为部将。可就在这时，站在曹操身旁的刘备却忽然开口，说：“明公难道忘了，吕布是怎么对待旧主丁原和董卓的？”曹操瞬间露出一副恍然大悟的样子，下令要缢杀我。哎，谁说刘备仁德，在我心里，他真是世界上最无信义的小人！

史学家蔡邕惨遭杀害

公元192年，司徒王允联合吕布等人成功诛杀董卓，为朝廷铲除了巨恶，引得天下赞颂。然而，正当所有人都以为动荡已过，天下太平的时候，洛阳城中却传来了一则耸人听闻的噩耗——大儒蔡邕于近日死于狱中，享年六十岁。

作为朝廷重臣、名士领袖，蔡邕在朝野有着极高的名望，此事一经传出，文化界震动，不少人为蔡邕喊冤，认为王允在朝中排除异己，冤枉好人，是他害死了蔡中郎，兖州、陈留等地人士更是专门绘制画像，悼念蔡邕。针对此事，我们采访到了王允本人，王允坚持表示，虽然将王允打入死牢的命令是自己下达的，但那都是蔡邕罪有应得，不存在冤枉陷害。

“那日蔡邕在席间，几次提起董卓那个国贼，还连连为董卓之死唉声叹气，看得我气不打一处来，当场便拍案而起，质问他难道忘了董卓是怎么残害百姓，颠覆社稷的吗？现在董卓被诛，天下人无不欢欣庆祝，只有他因为受过董卓恩遇，而为董卓悲伤，这不是公然和朝廷唱反调吗？所以我有理由怀疑，蔡邕是董卓的同伙。蔡邕作为汉臣，却不忠心汉室，我将他下狱难道有错吗？”

然而太尉马日磾却与王允持不同看法，他认为法不诛心，怎么能单凭几句叹息就判定一个人有罪？况且蔡邕是举世无双的奇才，肩负着续写《汉史》的重任，如果凭借这样站不住脚的理由便杀了他，恐怕会让天下人失望。蔡邕本人也就此事公开道歉，并表示自己甘愿斩断双脚，忍受黥刑（一种在人脸上刺字并涂墨的刑罚），只求王允让他续成《汉史》，然而王允却执意不答应，最终导致蔡邕枉死狱中。

这件事发生后，王允的民众支持率一落千丈，很多人都感慨，昔日那个勇敢智慧的王司徒，怎么会变得如此独断专行？可叹屠龙者终成恶龙。

追忆兄长孙策

一转眼，兄长离开我们已经一月有余了，我们一家人都十分想念他。

兄长和父亲一样，都是征战天下的大英雄，他智勇双全，用兵如神，弱冠之年便率众平定六郡，一统江东，被朝廷封为“讨逆将军”。不仅如此，他还在江东结交名士，安抚百姓，聚集起一群以周瑜为首的英雄豪杰，奠定了不朽的基业。在我心中，兄长始终是我愿追逐的偶像。

然而就是这样一位名动四方的江东小霸王，却被许贡门下的刺客射伤，早早地离开了人世，叫人怎能不悲痛？兄长临终前，将我和江东托付给张昭等人，并对我说：“举江东之众，决战于两阵之间，与天下争衡，你不如我；但举贤任能，让下属们齐心协力，保全江东，我不如你。”

从今往后，我就是江东之主，必须挑起这个沉重的担子。张昭和周瑜他们都向我保证，会尽心辅佐我。但比起这些，我更想一直做兄长的弟弟，可这个简单的愿望，却再也无法实现了！

孙权

公元200年6月书

一封来自汉献帝的求救信

致车骑将军董承：

如果你足够细心，应该可以发现这封藏在衣带中的求救信。朕如今处境危急，如履薄冰，所以只能通过这种方式，向你传递诏令。

朕听说人伦之大，父子为先，尊卑之殊，君臣为重。想当年，董卓乱政，毒杀少帝，迁都长安，朕被他一路挟持，惊恐得魂不附体。待到董卓伏诛，朕又卷入李傕和郭汜的争斗中，差点丧命，每天缺衣少食，朝不保夕，下诏求诸侯们前来救驾，也连连遭拒。

后来，朕被曹操迎来许都，以为好日子终于要来了，想不到却只是踏入了另一场噩梦。在许都的这段时间，朕逐渐看清了现实，原来曹操只是想把朕当成傀儡，号令天下。可叹朕身为天子，却无半分实权，只能眼睁睁看着曹操败坏朝纲，处死大臣，欺压君父，为所欲为。

朕夙夜忧思，只怕汉室江山彻底落入曹操手中。你是国之重臣，又是董贵人的父亲，所以朕才敢咬破指尖，用血写下这封诏书，冒死相托。唯愿你联合各地的忠义之士，剿除奸党，安定社稷，不负朕所托！

建安四年（公元199年）诏

一篇檄文治好曹丞相多年头风

多年来，丞相曹操一直饱受头风病的困扰，即使请来神医华佗医治，也没能根除顽疾。但近日，曹操却欣喜地告知公众，自己的头风病有了明显缓解，正当所有人都惊讶地询问丞相是用了何种特效药时，曹操却神神秘秘地取出了一卷檄文，并宣称自己现在头不疼、眼不花，多亏了这篇袁绍派人送来的“大作”。

据了解，这篇檄文名为《为袁绍檄豫州文》，作者是袁绍幕府中掌管书记的陈琳。官渡之战前夕，袁绍为号召各州郡一同讨伐曹操，亟须一篇文辞犀利且能煽动人心的声讨文书，这时，他想到了下笔成章的陈琳，而陈琳也果然没有失望，分分钟便写好了一篇“骂”到曹操心里去的讨贼檄文。要说陈琳“骂”起人来，真是有一手，他先是拿出曹操祖父曹腾是宦官这件事，直戳曹操的痛处，而后又引经据典，援举事例，从各个方面将曹操贬为赵高一样残害忠良、专横跋扈的奸臣。

曹操身边的侍从透露，读到这篇檄文时，丞相已经连着头疼了好几日。或许是陈琳的文字起到了以毒攻毒的作用，他们只见丞相越读越生气，读到最后忽然大叫了一声，之后便捂着脑袋，大喊着“头不疼”了，仰天哈哈大笑起来。那场景实在过于诡异，难保不是头疼治好了，精神上又受到了刺激。

刘备遭遇“塑料兄弟情”？

公元200年，一则“曹操麾下猛将于万军之中刺死颜良”的报道引爆了热搜。

据悉，颜良为袁绍军中名将，事发当日，他正奉命进攻曹军据守的军事重地白马。因为手握重兵，又刚刚轻松击败了东郡太守刘延，他难免有些志得意满，即便眼见曹操率轻兵奔袭而来，也表现得不慌不忙，只是在麾盖下遥遥观望。

然而就在此时，曹军中忽有一员大将策马而来，说时迟那时快，只见他只身冲破重重大军，如入无人之境，只一剑便将颜良刺于马下，又在众目睽睽之下，斩下了颜良的首级。一时间，袁绍军中哗然，不战自乱，将领们纷纷上前迎战，但竟无一人是此人对手。就在千军万马为之沸腾的时候，有人惊讶地发现，刺死颜良的大将不是别人，正是刘备的好兄弟关羽。

真相一经揭露，舆论瞬间反转，方才还在盛赞关羽英勇的围观群众纷纷直呼“幻灭”，毕竟，以忠义著称的关羽如今却背弃故主刘备，公然为刘备的死对头曹操效力，谁看了都要替刘备喊一句“不值”。

当被问及此事时，关羽也表现得十分羞愧，他满面赤红，严肃解释道：“我受刘将军厚恩，誓要与他同生共死，绝不会背叛他。这些日子以来，曹公待我甚厚，如今我斩杀颜良，也算报答了他的恩情，不日我便会离开这里，到袁军去投奔刘将军。”对此，曹操也表现得十分豁达，他表示自己虽然非常欣赏关羽，但各为其主，如果关羽实在不愿留，他也不会强求。

袁曹战场相见分外眼红

公元200年，举世瞩目的袁曹之战在官渡爆发。袁绍和曹操曾是发小，少年时经常一起玩耍，如今却落得个战场相见，你死我活的局面，让人不由得感叹世事无常。

在谈及这场战争的正当性时，曹操和袁绍分别给出了不同回应：曹操方面表示，如今天子身在许都，曹操身为大汉丞相，是奉天子之诏讨伐袁绍；而袁绍方面则不承认这种说法，并拿出一条血淋淋的“衣带诏”，宣称自己才是“奉诏讨贼”。袁绍表示，这封衣带诏是由天子所写，为的就是号召群雄抗曹救驾，此次大战，他定要将天子从曹操手中解救出来。

在经过了长达十个月的交战后，最终，曹操以两万兵力战胜了袁绍的十万大军。得胜归来后，曹操得意地告诉记者，他之所以能取得最终的胜利，是因为听取了袁绍谋士许攸的建议，当时许攸背袁投曹，提出了让曹操派兵奇袭乌巢，烧毁袁军辎重的建议，曹操当即付诸实行。乌巢被破后，袁军将领皆方寸大乱，纷纷投降曹操。战争结束后，袁绍手中只剩下约八百骑，不得已逃回冀州，没过多久就病逝了。

袁氏兄弟的死期到了

官渡之战后，袁绍的儿子袁谭、袁尚还没等曹军来攻，就先发生了激烈内斗。不久，袁谭被曹操部将斩首，而袁尚也被曹操打败，只好去投奔二哥袁熙，兄弟二人无处可去，情急之下投奔了辽西的乌桓人。怎奈曹军来势凶猛，没过多久，乌桓单于蹋顿也被曹军大将张辽杀死，袁氏兄弟再次沦为丧家之犬。这次他们投奔的目标，是反叛曹操的辽东太守公孙康。

"在得知袁氏兄弟的去向后，我们的第一反应就是不可放虎归山，公孙康实力不可小觑，再加上袁氏兄弟的残余势力，如果他们拧成一股绳，就再难斩草除根了！所以在场众人都劝说曹公，要立即追击，以免留下后患。可曹公却不以为意，反而下令按兵不动，还说什么'公孙康会自己把袁绍、袁熙的首级送过来的，我们不需要动用一兵一卒。'哪有这种天上掉馅饼的好事？曹公之言，实在是令人摸不着头脑。"曹操帐下的谋士回忆道。

然而，同年九月，就在曹操自柳城引兵而归的时候，公孙康竟然真的像他预言的那样，将袁氏兄弟首级双手奉上，曹操帐下所有人都震惊不已，感叹难道曹公有未卜先知之能？

对此，曹操只是微微一笑，解释道："这事说来也简单，公孙康向来畏惧袁氏，袁氏兄弟此时无处落脚，对公孙康必然怀有取而代之的野心。这时我们如果挥师进军，他们两股势力必然合力迎敌，一时难以被打败；但如果我们暂时不发起进攻，他们便会自相残杀，届时我们只需要隔岸观火，就可以坐收其利。这不是我能预知未来，只是事情发展的必然结果罢了。"听了曹操的话后，在场诸将纷纷叹服，能洞悉战争局势，又能利用人性弱点，曹公真乃神人也！

曹操发文悼念军师郭嘉

公元207年，曹操帐下杰出谋士、军师祭酒郭嘉在易州病逝，年仅三十八岁。

郭嘉自二十七岁起，便加入曹操阵营，十一年来，跟随曹操南征北战，其间多出奇计，算无遗策，屡次通过自己的远见卓识扭转了战局，是曹操的心腹谋臣。曹操曾多次提起："唯有郭奉孝（郭嘉，字奉孝）最能洞察我心意。"如今郭嘉英年早逝，对曹操而言，无疑是一个巨大的打击。

据军中侍从透露，郭军师原本便体弱多病，跟随曹公远征乌桓后，病势愈发沉重，刚从柳城回来，人就不行了，曹公焦急不已，派去探病的人就没断过，郭军师去世后，曹公更是亲临丧事，连发多篇悼词，哭祭郭嘉。

葬礼上，曹操对在场诸人说道："各位与我年齿相当，唯有奉孝最年少。我还盼着天下大事了结后，向他托付身后事，不料奉孝却中年夭折，这难道是命吗！"随后又大呼："哀哉奉孝！痛哉奉孝！惜哉奉孝！"

刘备也有身材焦虑?

昨日，一条#刘备感叹自己胖了#的话题冲上了热搜，引发诸多讨论。

诚然，近些年来随着人物品评之风的兴起，人们对自己外貌的要求也越来越高，不少男士也做起了身材管理，甚至有人会在脸上敷粉，来修饰自己的仪表。可人们的关注点在于，刘备虽自少年时就喜爱华服，但他呈现给公众的，一直是健朗的武将形象，怎么竟也会像那些文士一样，为身材发福而焦虑?

对此，刘备的同宗、荆州刺史刘表给出了答案："玄德（刘备的字）忧虑的点，并不在于自己的外貌是否美观，而是在感叹年华易逝，功业难就啊！"

刘表告诉我们，那一日他与刘备闲坐，上个厕所的工夫，刘备却忽然感慨落泪。他连忙询问缘故，刘备回答道："过去，我四处征战，身不离鞍，大腿上从来没有赘肉；可如今我整天无所事事，年纪也大了，大腿上的肥肉便又长了出来。这怎能让人不心生伤感？"

据悉，当初刘备因被曹操打败，不得已投奔刘表，而今已过了数年。乱世之中，对于普通人而言，每日生活安逸，又有一处栖身之所，已经是最大的幸福，可刘备却不甘心沉湎于舒适区中，还因髀肉复生而难过不已，可见其志不在小。相信这样的消沉日子不会太久，有朝一日，刘备必成大业。

檀溪之中惊现飞马

近日，有读者投稿，自言在襄阳城西的檀溪之畔亲眼见到了一匹"会飞"的宝马。据这位读者所说，他是刘表小舅子蔡瑁手下的一名士兵，当时刘表请刘备为自己筹备宴会，蔡瑁便想伺机杀死刘备。但他们的意图被刘备察觉了，刘备便以如厕为由，偷偷离席，而后骑上自己的坐骑的卢马，便向城外逃去。

"当时我们奉蔡将军之命，在后面一路追赶，眼睁睁看着刘备的马跌入檀溪之中，被水淹没，难以脱身。我们都以为刘备此番必死无疑，可就见刘备俯身对着的卢马说了些什么，那马忽然一跃三丈高，从深水里直接'飞'到了对岸，我们都被吓呆了，站在原地不敢追赶。"

这一奇闻很快便传遍了长江两岸，然而，也有民众对此表示怀疑，认为这事太过玄幻离奇，不符合科学，也有人猜测，这只是蔡瑁等人为没有捉到刘备编出的借口，不可轻信。

第十七期
公元219年12月31日
（本期第1版）

曹操大军压境，孙刘结盟抗曹

公元208年，“曹操亲率大军南下，意欲一举攻占江东”的消息犹如一枚炮弹，在长江两岸炸开了。据传，此次曹操不仅带来了规模庞大的北方铁骑，还收编了荆州刘表的水师，号称坐拥八十万大军，压迫感扑面而来。面对来势汹汹的强敌，孙权集团却任命年轻将领周瑜作为主帅，统领全军，不禁让人怀疑，这个决定是否过于轻率。

与此同时，屯驻在樊口的刘备也派遣诸葛亮作为使者，与孙权商议合力拒曹之事。

曹操vs孙刘联盟，谁才能成为这场战争的赢家？曹操是否能够延续官渡之战的势头，一举拿下江东？

欲知详情，请看本期第2版、第3版

本期焦点

关于表彰丞相曹操的重要决定

自御驾迁至许都以来，丞相曹操保驾安民，匡扶社稷，平定四方，厥功至伟，朕心甚慰，特别破例准许其赞拜不名，入朝补趋，剑履上殿，如萧何故事，以示嘉奖。

建安十七年（公元212年）正月诏

赤壁之战，周郎到底行不行

近日，孙权集团针对“是否要抗曹”以及“周瑜能否担当起抗曹大任”这两件事，爆发了热烈的讨论。

周瑜的支持者们认为，周瑜是坚决的主战派，且年轻有为，在江东素有威望，人格魅力不是盖的。想当年，孙策将军就是在他的支持下，才打下江东的基业。除了武力值超高外，周瑜的才情智慧也直接拉满，你们难道没听过“曲有误，周郎顾”这句话吗？让他做主帅，江东的男女老少都信服。

反对者则嗤之以鼻，认为周瑜的支持者们都是被他极高的颜值迷了眼，要知道，他的对手可是久经沙场、打赢了官渡之战的曹操，和他相比，周瑜还是个毛头小子呢。况且江东士兵加起来只有几万人，拿什么和曹操打？再说了，曹操如今挟天子以令诸侯，我们公然与他对抗，不是成了反贼？这名不正言不顺啊。

面对诸多争议，周瑜做出了公开表态，他认为：“曹操虽托名汉相，实为汉贼。江东兵精用足，孙氏基业稳固，正应该借此机会建立一番大事业，给远道来找打的曹操一点教训。从实战角度分析，曹军虽号称八十万大军，但实际只有二十万左右，且人心不齐，疲惫不堪，只要江东将士们坚定信心，奋勇作战，必能以少胜多，战胜曹军。”

孙权对此表示强烈赞同，并当场拍板，将倾江东之力抵抗曹军的来袭。而后他拔刀砍下桌案一角，宣称谁再敢提投降，下场形同此案！

程普老将军公开力挺周瑜

在孙权为周瑜“撑腰”后，素有威望的程普老将军也站出来，表达了对周瑜领兵抗曹的强烈支持。

程普说，带兵打仗不能仅凭资历，看年纪。想当年他就因为周瑜过于年轻，轻慢过这位主将，对周瑜很是不礼貌，可周瑜却毫不在意，折节容下，对他愈发宽容谦让，反而让他愧悔不已。从那以后，他每每与人提到周瑜，都要感叹一句：“与周公瑾交，若饮醇醪，不觉自醉。”

除此之外，程普老将军还怒斥了近期一些譬如“周公瑾小肚鸡肠，不能容人”等传闻，他表示，公瑾雅量高致，胸怀最是宽广，请大家不要信谣传谣，败坏公瑾的名声。

黄盖：你就像那一把火

编者按 公元208年冬，孙刘联军在赤壁大败曹操，当时官渡之战以少胜多的结果，此番又在曹操自己身上重演了。虽然曹操执意宣称，自己之所以落败，是因为北方士兵来到南方，水土不服，军中多发疫病，才不得不退兵，但不可否认的是：孙刘联军的这场胜利，是火攻战略的胜利，也是全军上下智慧与勇气的胜利。

今日，我们采访到了这一重要战略的提出者和实行者黄盖，就让我们跟随他一同回到赤壁战场，见证这场惊心动魄的著名战役。

小编：黄老将军您好，请问您的伤养好了吗？

黄盖：早就已经养好了，这点小伤不算什么。你别看我这把年纪了，真上了战场，我比那些年轻人还能打呢。

小编：那就好，我之所以这样问，是因为听说当天还发生了一桩乌龙。当时您顺利完成了放火任务，却不幸在战船上身中流矢，掉进了冰冷的江水中，获救后吴军的军士居然没能认出您，将您安置在厕床中，延误了治疗，要不是韩当将军听见了您的呼救声，后果真是不堪设想。最近江东百姓都十分担心您的伤势，盼望您能早日痊愈。

黄盖：唉，和江东的安危相比，这都不算什么！当日江面昏暗，燃烧的战船冒出滚滚浓烟，两军士兵又打得你死我活，看不清我是谁也属正常。不过此事还要多谢韩当将军，要不是他及时搭救我，又为我换下湿衣，我这条老命可能正要交待在那了。

小编：光是听您描述，我就能想象到那一日的紧张气氛，您放的这把火可真是了不得，竟把那么强大的曹军烧得屁滚尿流。请问您是如何想到这条妙计的呢？

黄盖：我在江东为将多年，惯习水战，当时我军与曹军隔江对峙，互相都能观察到对方的形势。一段时间过后，我发现曹操犯下了一个致命的错误，他率领的北方士兵不擅长水面作战，为了保持战船平稳，曹操竟将船舰首尾相连起来，如果放火的话，这不是一烧一个准，一点着一片吗？于是我当即就把这个发现告知都督周瑜，都督大喜，我们当夜便制定了严密的火攻计划。

小编：您能详细讲讲这个计划的实施过程吗？

黄盖：当时，我们准备了艨艟战船数十艘，在船内堆满了薪草，又浇上了鱼油，在上面裹上厚厚的帷幕，又插上牙旗，伪装成普通战船的样子。而后我又派人给曹操送去书信，谎称要率众投降。就在曹军放松警惕、遥遥观望的时候，我命人点燃这些船只，当时正逢江上东南风急，火船顷刻间便如同离弦之箭，扎向曹军沿岸的军营处，点燃了曹军的营帐和战船。一时间浓烟和大火遮天蔽日，曹军人马烧死的，落入水中溺死的不计其数。这时，我军再发起最后的总攻，曹军兵败如山倒，只好逃回北方去了。

铜雀台落成，曹植登台献赋

为庆贺击败袁绍，统一北方的丰功伟绩，在丞相曹操的提议下，朝廷决定在新都邺城建起一座巍峨雄伟的高台，名曰“铜雀台”。经过几个月的筹备和夜以继日的修建，今日上午，占地千余平米的铜雀台终于正式落成启用，全体官员和来自各界的社会名流悉数到场，共同见证这场盛大的剪彩仪式。

漳河水暖，春风和煦，人们徜徉在铜雀台美丽的风景中，流连忘返，在林立的殿宇之间，我们也发现了许多熟悉的身影。那位满眼哀伤、拨弄琴弦的，便是大名鼎鼎的才女蔡文姬，当年她在战乱中被胡人掳走，如今又被曹丞相迎回，虽然离开了那片屈辱的土地，可与两个亲生儿子的诀别同样让她悲伤，她吟唱的这首《胡笳十八拍》便是她内心的写照。

而站在最高处的，便是这场宴会的主人——曹家父子。在宴会进行到高潮时，热爱文学的曹丞相高举酒杯，命令诸子拿好纸笔，登台献赋，这可难坏了几个年轻人，他们有的抓耳挠腮，有的频频望向自己的文士幕僚，就在兄弟们连开头都没有作好的时候，竟有一人已经站起身，施施然交卷了，他便是曹操的三公子——曹植。

“俯皇都之宏丽兮，瞰云霞之浮动。欣群才之来萃兮，协飞熊之吉梦……”

一篇《登台赋》墨迹未干，就赢得了满堂彩，曹丞相更是对这个文采斐然的三儿子赞赏不已。但我们注意到，曹植的二哥曹丕显然不太高兴，毕竟作为曹丞相的第一顺位继承人，被弟弟抢了风头，任谁心里都不会太爽快。

9.6分，超震撼高分纪录片《王粲传奇》来了

他只需略微出手，就能碾压孔融、陈琳，成为“建安七子”之冠。他的出现轰动了整个三国文艺界，就连号称“才高八斗”的曹植见了他，也要羞愧地低下高傲的头颅，承认自己还是差点天分。

没错，他就是魏晋文坛公认的天降紫微星，王粲。

王粲诞生于名门望族山阳王氏，自年幼时就表现出了极高的文学天赋和数学天赋。他擅长产出，从不打草稿，据说当年和他同场考校的学生都是哭着出来的——不是因为王粲文章写得太好了，而是因为他们题目都没看完，王粲已经停笔交卷了。

王粲十四岁时就因为身负奇才，名满天下。汉朝最后的大儒蔡邕曾表示：“我一生嗜书如命，但如果是王粲，我愿意把家中所有的藏书都奉送给他。”

王粲辩才一流，反应极快，而且能够引经据典。以雄辩知名的曹魏司徒王朗曾这样评价王粲：“如果廷议时王粲开口，那我会无条件闭嘴。如果曹公让我去和王粲当庭互怼，那我宁可去怼曹公。”

王粲事事快人一步，不甘落后，年仅四十一岁就英年早逝。医圣张仲景曾亲自为他开方下药，并疾呼：“有病吃药，不要放弃治疗！不然你将眉毛脱落，神仙来了也保不住，我说的！”

王粲酷爱倾听驴叫，临死前还握着曹丕的手说：“不懂驴叫的人永别了。”惹得后来的魏文帝悲伤不已，率领众多名士来到他墓前，亲自带头学驴叫，一时间王家祖坟驴叫声此起彼伏。同村放驴的张三还以为是狼进自家驴圈了，匆忙出来寻觅了好几圈。

王粲究竟是谁？为何惹得举国上下疯狂追捧，男女老少欲罢不能？敬请收看大型纪录片《王粲传奇》。

合肥商圈发生恶性斗殴事件

零距离还原张姓保安反杀现场

“合肥保安反杀案”日前已经尘埃落定，但背后隐藏的巨大谜团依旧牵动着所有人的心。热心群众纷纷在社交媒体上发起讨论，好奇为什么一向老实的保安老张面对突然的闯入者，竟会爆发出如此强大的力量，完成几乎不可能的绝地反杀？案件当天究竟发生了什么？本报将通过调取监控、当事人口述等多种方式，逐一还原出事情的全貌。

“完全没想到这个节骨眼上会有人砸店，曹老板带着全体员工回总公司培训去了。”

建安二十年（公元215年）八月，一个普通的夜晚，保安队长张辽像以往一样，和同事李典、乐毅确认好店内情况后，正打算下班，忽然道路尽头，一大波面色不善的陌生人气势汹汹地出现。多年的保安经验让老张马上意识到，这伙人是奔着曹氏在合肥的店面来的。

“为首的年轻人我认识，姓孙，家族在江东很有势力。他和我老板一直有矛盾，估计就是想趁这次店内空虚，倾全部力量来消灭我们。”

从监控可以看出，孙家这次派出的势力十分庞大，乌泱泱占满了整个商业区，并且装备精良，看样子是对拿下合肥店面一事胸有成竹。相比之下，老张他们只有几名保安，就显得十分可怜。

“可怜？我们才可怜好吗？”在孙吴外科总院，我们采访到了此案的另一位当事人小孙，小孙向我们回顾了案发当时的惊人一幕。

“太吓人了，就没见过这样的。当时我想的是我们这么多人，一人一口唾沫也淹死他了，结果那个姓张的保安不知道走的什么路线，瞬间就来到了我面前，等我反应过来的时候，十几个人瞬间就倒下了，其中还包括我的两个得力马仔。我吓得瞬间就爬到了房顶上，他就站在下面骂我，在我们的包围圈里来去自如，轻松得跟逛超市似的。”

小孙表示，保安老张此举不仅让他丢掉了合肥店面的经营权，还给他带来了巨大的心理阴影。他家小孩每每听见老张的名字，都会吓得脸色发青，哭都不敢哭出声了。对此，他绝不会善罢甘休，而保安老张也丝毫不惧挑战，宣称：“逍遥津大舞台，有胆你就来。”

“外科圣手”华佗在许昌狱中坐诊

今天是华佗入狱的第三天，我们可以看到整座牢狱的内外已经挤满了前来就诊的患者。其中不仅包括这里的狱卒、许昌当地的百姓，还有许多从各州慕名赶来的外地人。因为听说华佗不日便要被处死，他们都想抓住这最后的机会，挂到华佗的专家号，牢狱外甚至出现了高价代排人员。

整整一个上午，华大夫忙得连口水都没喝，问诊的空隙，他还和我们谈起了近期十分敏感的医患关系话题。

“首先，咱们就是经常会遇到那种表面上看起来老实巴交，背地里却不遵医嘱的患者。就拿东阳县令陈登来说吧，这个小伙子好啊，博学风雅，济世安民，深受百姓爱戴，但他就有个要命的毛病，喜欢吃生鱼片，天天吃，顿顿吃，吃得胸中烦闷，满脸通红。我赶紧给他开了两碗打虫药，他服完以后，吐出三升多虫子，红头的，还在盆里蠕动。要是正常人看见这画面，恐怕下半辈子都听不得‘鱼’字，可我忘了，陈登是远近闻名的反骨仔。果不其然，等我外出行医归来，他家已经在办丧事了。”

“还有一种病人更可怕，他不伤害自己，他专门伤害医生，就比如那个曹操曹丞相。他患有很严重的头风病，我给他治过两回，他就离不开我了。我好好一云游大夫，非要把我抓过去坐班，还说要给我编制五险一金什么的。上班对健康危害有多大，我能不知道吗？我就说我老婆病了，婉拒了他。可我没想到，曹操此人心眼这么小，非要派人来查实，还说我老婆要是真病了，就给我送四十斛小豆，再容我几天假期，要是我老婆没病，就把我打入死牢。笑话！我像有老婆的人吗？”

在此，神医华佗通过本报向全社会呼吁：文明就医，抵制医闹，尊重医生就是尊重生命！

本报记者 百晓生

★江东名将炫富成瘾

勤俭节约是中华民族的传统美德，却偏偏有人把奢侈挥霍当作一件值得炫耀的事。

近日，有江东媒体披露，吴军将领甘宁行事张扬，每每出门都要摆出好大的排场，出则有数十艘轻舟护送，入则有大批铁骑相随。不仅如此，甘宁还用珠玉做帷帐，让自己的侍从们都穿上刺绣华服，将自己的住所装饰得金碧辉煌。更夸张的是，他经常用绣有花纹的织锦来牵系自己的船只，等到离去时，就拔刀割断织锦弃之江中，因此还得了一个“锦帆贼”的诨号。

对此，吴军发言人解释道：甘宁之所以有如此行径，是因为他早年做过游侠水盗，野性难改，做起事来难免有些离经叛道。目前主公已责令甘宁做出整改，并强调万不可因他一人，影响江东的风评。

曹操：一场大水毁了我的樊城梦

近日，魏王曹操在一场采访中大吐苦水。他说，自己还没从赤壁之战的阴影中走出来，一场毁天灭地的洪水又将他的心浇了个透心凉。

此事还要从公元219年的樊城之战说起。这一年，刘备夺取汉中，进位汉中王，封关羽为前将军，也是在这一年，关羽率领荆州兵将曹仁据守的樊城团团包围。樊城是兵家必争的战略要地，曹操心知这座城池一定不能失守，于是他在传书叮嘱曹仁死守樊城的同时，也派出了大将于禁率领大军前去支援。

“我知道关羽的战斗力强，可于禁实力也不弱，况且我还派出了那么多的兵力，料想怎么也不至于全军覆没。可老天就像偏偏要与我曹操作对一样，秋凉时节，竟忽然下起了瓢泼大雨，汉水满溢，溃而决堤，我那么多的士兵啊，竟然一夕之间就被淹没于汪洋之间，战斗力尽失。这哪里是战略的问题，这是完完全全的天灾啊！”

虽然对于这次失败，曹操做出了如上解释，但这场战役也的确让关羽声名大噪。自此，关羽威震华夏，曹操损失惨重，天下三分之势形成。曹操会就这么放过关羽吗？孙权集团面对如此形势，又会想出怎样的应对之策？《历史简报》将为您跟踪报道。

草船借箭不是诸葛亮发明的

本月初，江东领袖孙权就“草船借箭”发明专利一事发布公告，他在公告中申明，自己才是第一个想出“向曹军借箭”这一绝妙主意的人，市井间流传的所谓“诸葛孔明在赤壁之战时，用草船向曹军借来十万支箭”纯属谣言，府库也查询不到任何诸葛亮为联军借来羽箭的相关记录。

孙权说，借箭一事，并不发生在赤壁之战期间，而是发生在曹操攻打濡须时。当时，他亲率江东水军，与曹军相持一月有余，某天他想要侦测敌情，便乘坐大船前往江面，遥望曹军部署。曹操以为他们是来挑战的，便下令军中士兵乱箭齐发，无数的箭矢射在船上，沉重到整艘船都向一侧偏去，几有侧翻的危险。就在此时，孙权急中生智，命令船夫掉转船头，用船的另一面抵挡飞箭，很快大船便恢复了平稳。

此事过后，就连曹操都感叹孙权的治军有方，称赞道：“生子当如孙仲谋，相较之下，刘表的儿子就像猪狗一般！”而孙权则对此嗤之以鼻，冷笑道：“这夸奖给你要不要？”

第十八期
公元 249 年 12 月 31 日
（本期第 1 版）

刘备宣布将为关羽复仇

公元221年秋，距离汉寿亭侯关羽被杀已经过去了一年半的时间，但整个蜀汉依旧沉浸在悲痛沉重的气氛中。刚刚登基不久的刘备鬓边白发越来越多，他在等待一个时机，一个为好兄弟复仇的时机，一个发兵讨伐东吴的时机。

然而关羽的仇还没有报，蜀汉另一位名将张飞竟也被部将杀害，害死张飞的范强和张达担心被刘备治罪，便带着张飞的首级星夜投奔东吴。自此，东吴与蜀汉的仇恨再难以消弭，刘备终于下定决心，挥师伐吴。

征尘漠漠，一幕幕往事在刘备眼前闪现，泪水模糊了他的眼眶。想当初，他还只是涿郡的穷苦青年，是关羽和张飞这两位兄弟陪着他一路走来，可如今，衮袍加身，故友却已不在。

面对蜀军的强势来袭，吴王孙权也顿时乱了阵脚，在遣使求和不成的情况下，他只能派出陆逊等将领正面迎敌。这场蜀吴交锋，终将鹿死谁手？一代名将关羽又为何败走麦城？

敬请关注本期《历史简报》第2版

本期焦点

资讯插播：

公元 220 年 3 月，曹操逝世于洛阳，其子曹丕承袭魏王之位，成为新一任丞相。

11 月 25 日，汉帝刘协效仿帝尧禅位于虞舜，将天子之位传于魏王曹丕。曹丕辞让三次后，于同年 12 月 11 日升坛受玺绶，即皇帝位，改元黄初，大赦天下。刘协逊位后，被奉为山阳公。自此，延续了四百余年的汉朝宣告灭亡，曹魏取代刘氏，成为朝堂的主人。

赤壁之后，夷陵又“火”了

公元222年，一道冲天的火光打破了夜的沉寂。记者赶到夷陵前线时，刘备大军的四十多座营寨已经被烧成一片废墟，熊熊大火将夜空映照得犹如白昼，蜀军死者数万，土崩瓦解，漂流的尸骸甚至阻塞了江流，让人不由得想到了那场同样以火攻取胜的赤壁之战。

据了解，这一战蜀军损失惨重，刘备所率部队几乎全军覆没，而刘备自己也仅仅保住了一条命，逃往白帝城。死里逃生后，刘备已是满面沧桑，想到这场惨败，他眼含热泪，仰天长叹：“我本欲报仇，却被陆逊所折辱，这难道是天意吗？”一路护卫他的部将侍从们听到这话，也纷纷掩面哭泣。

被吴军俘虏的蜀国士兵告诉记者，事情发生得太突然了，他们根本来不及应对。

“当时我们跟随陛下（刘备）前来讨伐孙权，既有数万大军坐镇，又有五溪蛮人相助，本以为必胜无疑，可是实际情况却超出了我们的预料。”

刘备大军遇到的第一个问题，便是夷陵地区位于长江沿岸，地势崎岖，行军所过之处，多为崎岖山路，刘备没有办法，只能下令让士兵们沿峡谷通道扎营，营寨连绵数百里。这也是大火烧起来时，各营寨无一幸免的最主要原因。此外，作为东吴的第四代大都督，陆逊赶在刘备大军抵达前，便已经派兵占据了夷陵的各处军事要塞，以此为根据地坚守抵御，刘备军虽有锐气，但一路连连受挫，推进缓慢，竟也无法打败吴军，这一耗就从春耗到了夏。

夏季的夷陵天气炎热，刘备屡次派人挑衅不成，设计埋伏也被陆逊识破，军中人心浮躁，他只好下令让大军撤到深山密林避暑休整，没想到却给了吴军一个放火的好机会。

一名吴军回忆道：“当天夜里，都督忽然下达命令，让我们每人各拿一把茅草，带好点火工具，趁着夜色掩护，一同点燃刘备军的一座营寨。大家以火光为号，只待营寨烧起来时，就发动总攻，那晚我们用同样的办法，很快将刘备的营寨烧成了一条火龙，蜀军士兵只有逃命的份，很快就被我们击溃了。”

夷陵之战是东吴继赤壁之战后，又一次彪炳史册的巨大胜利，吴军大都督陆逊也因这一战名扬四海。想当初，孙权派陆逊率众抵御刘备时，军中多有人不服，还有老将质疑，陆逊作为一个初出茅庐的儒生小将，懂什么打仗？如今陆逊用实力证明了自己，那些轻视他的人不服也得服。

本报战地记者 溜得快

吕蒙：那个打败关羽的男人

编者按 率军攻打樊城前，蜀军大将关羽做了一个奇怪的梦，梦中有一头猪在啮咬他的脚，醒来后，他直呼不祥，果然没过不久，他据守的荆州就被吴将吕蒙夺取，而他自己也败走麦城，惨遭杀害。看过了惊心动魄的夷陵之战，接下来就让我们回到这一年，一起走近那个打败"武圣"关羽的男人。

小编：吕蒙将军您好！嚯，您的营帐中居然有这么多书，像您这样热衷于读书的武将，可着实是不多见。

吕蒙：哈哈哈谬赞了，其实早些年我也不爱读书，总觉得只有那些文臣和老夫子才整天捧着书卷，是主公找到我，语重心长地对我说："吕蒙，你如今掌管军中事务，不可以不学习！"当时我还想以太忙为由推辞，但主公却反问我："你说你的事情多，可谁会比孤的事情更多呢？孤就算再忙，也会抽出时间读读书，每每开卷，都会大有收获。"

小编：你们主公对属下还真是关怀备至，这下您可没有借口再推托了吧！

吕蒙：嘿嘿，那是自然。主公还说，我们武将读书不为钻研学问，只为增长见识，我觉得非常有道理。开始认真读书后，我不仅学到了许多实用的战术，还从古人的身上学会了许多为人处世的道理，看问题的角度都变得不同了。

小编：难怪就连鲁肃先生都夸您，不再是昔日的那个只知埋头苦干的吴下阿蒙了。

吕蒙：士别三日，当刮目相待，可能是我飙升的智力水平惊到鲁肃大兄了吧！

小编：在战场上，武力固然重要，但有了智慧和谋略，打起仗来往往能事半功倍。

吕蒙：不错，就拿我袭取南郡，擒获关羽这件事来说吧。如果在战场上与关羽真刀真枪硬拼，我还真未必是他的对手，所以我没有急于出战，而是冷静地分析了当时的军事形势。我认为，关羽当时忙着攻打樊城，却在荆州留下了许多守军，必然是在提防我们偷袭，我们可以利用他骄傲自大的弱点，谎称我生了重病，让他放松对我们的戒备，再寻找时机，一举拿下荆州！

小编：你们的计划奏效了吗？

吕蒙：果然不出我所料，关羽的自信心迅速膨胀，没过多久就把南郡的守备都调去打樊城了。有一次，关羽率军出征，只留下手下糜芳和傅士仁守城，我知道，我们的机会来了。

小编：听说那一日，您兵不血刃就夺得了南郡？

吕蒙：说起这件事，我还真有一点小骄傲。当日，我让手下精锐都化装成商人，藏在商船内，又雇来百姓摇橹行船，就这么从蜀军的眼皮底下潜入了蜀军的领地，生擒了江边的守军。而后我又派人写信说降糜芳、傅士仁。糜芳等人知道我们已经兵临城下，大为惊恐，没有抵抗就投降了。

小编：这便是"白衣渡江"的由来吧？此时就算关羽得知荆州被夺，也早已无力回天了。夺取荆州的整个过程中，你们甚至没有与关羽正面交锋，真可谓是"以智胜，不以力胜啊"，看来多读书还是没错的！

我的相父诸葛孔明

诸葛孔明是父亲的军师，是这个国家的丞相，也是我的相父。

他单名一个“亮”字，但更多人都喜欢称呼他“卧龙先生”，我想这不仅仅是因为他曾居住在卧龙岗，更多的是在表达对他的尊敬和崇拜。在许多人的心中，相父就像一条盘卧在乱世中的龙，神秘、睿智而又强大。

听相父说，在遇到父亲之前的很长一段时间里，他都在南阳耕田种地。我不明白，像相父这样胸怀韬略的人，怎么会甘心日复一日地在山中做一个农夫？相父慈爱地摸着我的头，说我不懂，还说“有的时候，暂时的沉寂是为了等待一个最合适的人”。这句话我听懂了，相父说的“最合适的人”指的是父亲。

父亲年轻的时候也很穷，和祖母靠织席贩履为生，但父亲是个心怀大志的人，一直致力于积蓄力量，兴复汉室。父亲认为，要做成一番大事业，最重要的就是招揽人才，因此一听说相父的大名，父亲便急切地上门前去邀请，可相父却总是故意避而不见。父亲态度诚恳，接连登门几次，终于打动了相父，之后相父不仅答应出山与父亲共襄大业，还为他描绘出“三分天下”的政治蓝图，要是换作我，可没有这样的耐心！

这些年来，相父跟随父亲南征北战，父亲兵败夏口，他便亲往江东做说客，促成孙刘联盟，与曹操开战；父亲占据蜀地，相父便为他保境安民，镇守成都，好让父亲安心带兵作战。父亲说，他和相父的关系就好比鱼和水，谁都离不开谁。可夷陵一战后，父亲却因为重病，早早地便离开了我们。

临终前，他将蜀国和我都托付给相父，还说如果我值得辅佐，就继续辅佐我为帝；要是我不堪辅佐，便可以取而代之！听到这话，我在一旁冷汗都冒了出来，但相父的回答打消了我的恐慌，他说：“臣敢竭肱股之力，效忠贞之节，继之以死！”

这些年来，相父也确实践行了他的诺言。虽然军政大权都在相父手中，但相父为国家鞠躬尽瘁；对我这个平庸的年轻帝王，他也坚守臣节，从无二心。相父的忠心天地可鉴，每每想起，我都感到无比庆幸。

眼下，相父又要率军北伐，临行前他特地为我留下了一封《出师表》。望着表中仿佛浸着血泪的一字一句，我又何尝不是“临表涕零，不知所言”……

作者系蜀汉后主刘禅

吴王孙权也想做皇帝

继曹丕、刘备陆续称帝后，同为一方霸主的孙权坐不住了，也起了践祚的心思。

可魏王曹丕当初称帝，是与汉帝刘协走了个禅让流程，刘备是正统汉室宗亲，自带光环，相比之下，孙权这个江东大军阀就显得有些名不正言不顺。然而作为浮江万艘、带甲百万的一国之主，始终在曹丕之下做个小小的吴王，孙权也很是不甘心。

因此在挣扎几番后，孙权还是打了个“夏口、武昌有黄龙、凤凰出现”的祥瑞幌子，在公卿群臣的劝说下，于公元229年5月23日，坐上了帝位，建国号“吴”。

据悉，孙权在登基后不久，便与前来道贺的蜀国使者陈震签订了平分天下的盟书，盟书中写道：“逆臣曹丕篡夺神器，汉室气数已尽，眼下唯有蜀汉和吴国勠力一心，才能剿灭奸党，还天下一个太平。”

沉痛缅怀汉丞相诸葛亮

公元234年，蜀汉丞相诸葛亮在五丈原病逝，享年五十四岁。

诸葛丞相灵柩随大军返回成都当天，沿路已经挤满了等待送丞相最后一程的当地百姓。蜀汉皇帝刘禅亦率领文武群臣亲往悼念，并在现场宣布将追谥诸葛亮为忠武侯，大赦天下。

自出山以来，诸葛亮始终为蜀汉基业鞠躬尽瘁，刘备去世后，作为蜀汉的顶梁柱，他更是无时无刻不在为北伐大业劳心劳力。侍奉诸葛亮的老仆说：“丞相为国事夙兴夜寐，军中无论大事小情，他都要亲自过问。如果不是这般操劳，丞相或许还能多活几载。但复兴汉室的大业压在肩头，又怎容他有丝毫懈怠呢？”

据了解，诸葛丞相在去世前曾留下遗言，希望自己死后能葬在定军山，坟墓依据山势而建，能容纳棺椁即可，下葬的时候穿日常便服就好，更不需要准备陪葬器物，一切从简。

诸葛丞相一生节俭，即使身居丞相之位，也从不为自己谋取私利。他曾在给刘禅的奏章中写道：“臣在成都有八百株桑树，还有十五顷薄田，臣的儿孙依靠这些足以养活自己。”他还嘱咐，自己去世那日，希望家里家外都不要有多余的财产，否则他将感到有负皇恩，九泉之下亦不得安宁。

蜀地百姓感念诸葛丞相恩德，得知其死讯后，无不泪流满面，还有人在道路上公然设立私祭，以表达对诸葛丞相的深切怀念。诸葛亮的一生，是为蜀汉无私奉献的一生，然而逝者已矣，他死后蜀汉又能在魏、吴两国的夹击下存活多久？只有时间能给我们提供答案。

司马懿病危？真假难辨

近日，太傅司马懿的病情牵动着魏国朝堂每一位臣子的心。

司马懿是魏国元老，曾多次率军阻挡蜀军北伐，睿智博学，功勋卓著，他辅佐过曹操、曹丕、曹叡祖孙三代，魏明帝曹叡在临终时，又将幼帝曹芳托付于他，在朝中可谓炙手可热，但随着年岁增加，司马懿的身体也开始走下坡路，这段时间更是病得连上朝都成问题，这不免引来了许多人的担心。

记者前去探访的时候，正好遇到了前来探病的河南尹李胜。据记者探听，这个李胜一向与另一位托孤大臣曹爽走得很近，如今却专门来探望司马懿，不免让人怀疑，这是不是曹爽的授意。

在征得双方同意后，记者在旁见证了这场病榻上的对谈。说是“对谈”，但此时的司马懿已经病势沉重到起身都成了问题，被两个婢女艰难扶起后，他虚弱地靠在榻边，用手指着自己的嘴，示意自己口渴，可真当婢女端着粥一勺一勺喂给他的时候，稀粥却都从他嘴里流到了胸前的衣服上，那场面实在凄凉，让人不禁感慨英雄迟暮。面对李胜的探问，司马懿也只是有气无力地含糊道：“人到了这个岁数，死也就是早晚的事儿。”

在听闻李胜即将到荆州赴任的时候，司马懿又断断续续叮嘱：“并州离胡人的地界很近啊，你可一定要小心……这估计就是我俩的最后一面了，等我死了，我的儿子司马师和司马昭还要拜托你多多照顾。”李胜听得哭笑不得，连连解释了好几次，自己要去的是荆州不是并州，可司马懿就是听不明白，最后连他自己都无奈了，苦笑着摆手道：“不行了，人老了，耳朵都听不清了。你刚刚说你要去……并州？并州好啊，乱是乱了点，但是个建功立业的好地方。”

结束了这场荒谬的对话后，记者和李胜一同告辞出门。临别之际，李胜摇摇头，叹息道：“太傅形神俱散，气息奄奄，这病看来是好不了了，真让人伤感。曹爽大将军的顾虑是多余的，今后他在朝堂上将再无对手了！”

高平陵之变始末

本报讯 公元249年2月5日，洛阳城中发生了惊魂一幕。

这天，大将军曹爽陪同魏帝曹芳，一同前往高平陵拜祭魏明帝。一行人出发后不久，本应卧病在床的司马懿，却忽然神采奕奕地出现在众人面前，用迅雷不及掩耳的速度控制了都城，并全盘掌控了曹魏政权。

据司马懿麾下谋臣蒋济回忆，司马懿此次夺权，其实是早有谋划："太傅早就猜到了李胜是曹爽派来的间谍，目的是探听自己是不是装病，所以他干脆将计就计，演了一场戏给李胜看。毕竟，太傅想当初可是靠装病，几番瞒过武帝（曹操）的人，演技一流。曹爽果然中计，乖乖地掉进了太傅设下的圈套，毫无防备地出城去了。"

蒋济说，当天司马懿先是上表郭太后，请求她罢免曹爽兄弟，而后又派出司马师率军把守城门，自己则在曹爽家门前严阵以待。听说大司农桓范出城寻找曹爽的消息后，蒋济十分担忧，他认为桓范素有智谋，恐怕会帮助曹爽逆转局势。但司马懿只是轻蔑一笑，说道："桓范固然聪明，但曹爽就像一匹恋栈的劣马一样，成不了大气候。"后来，曹爽果然没有听从桓范的忠言，为保一家平安富贵，很快便投降了。

据悉，事情平息后，司马懿并没有遵守当日对曹爽的承诺，保全他们的爵位，而是将曹爽及其党羽全部夷灭三族。面对质疑，司马懿表示，当日的承诺不过是权宜之计，胜者王侯败者寇，已经在砧板上躺平的鱼，就只有任人宰割的份儿。

陆氏少年为父鸣冤

公元245年的一天，天气阴沉，悲风呜咽，一位名叫陆抗的少年一身重孝，满脸凝重地走在通往建康的道路上，跟在他身后的，是其父陆逊昔日的五千余名部众。

不久前，陆逊因被诬指插手立储，含恨而终，陆抗一行人此次谒见孙权，除了例行谢恩外，也是想替陆逊洗脱冤屈。

"父亲在世时，常常教导我们，干涉立储乃朝堂大忌，他自己又怎会明知故犯呢？"说到亡父时，陆抗稚气未脱的脸上写满了倔强，"当时不少人都写信劝父亲，应派遣族中子弟前去侍奉皇子，但都被父亲严词拒绝了。父亲说：'家族中的子弟如果真的有才能，就不会担心他们不受重用；如果他们没有才能，却硬要将他们塞进立储的旋涡中，终有一天会招致祸患'，一个如此清醒的人，是断然不会做出那种糊涂事的。"

面对孙权的句句诘问，年仅二十岁的陆抗表现得异常冷静，回答上更是条理清晰。据悉，在陆抗的不懈努力下，孙权对陆氏的提防情绪已稍有缓和，他还下令将彻查此事，还陆氏一个公道。

薛夜来引领“晓霞妆”新风潮

近段时间，记者观察到魏宫女子乃至整个洛阳的姑娘们，都画起了一种奇异的妆容。她们用鲜艳的胭脂在脸颊两侧、太阳穴附近勾画出细细的半弧形，远远望去，便如同两痕血月卧在云中，呈现出一种瑰丽的美感。仔细一打听才知道，这种妆容名叫“晓霞妆”，它的发明者，乃是魏宫中一位名叫薛夜来的宫人。

薛夜来原名薛灵芸，是一位擅长针工的美人，据说她做针线活熟练到即使不借助灯烛之光，也能迅速将衣服缝得完美无瑕，宫女们因此都很钦佩她。薛灵芸刚刚入宫的时候，一晚，魏帝曹丕在灯下咏读，她奉命前来侍奉，走过去的时候因为屋中光线昏暗，竟不小心撞在了曹丕面前的水晶屏风上，疼得她惊呼一声，脸上的伤口霎时就晕出了一道血痕。曹丕也被吓了一跳，赶忙过去查看她的伤情，想不到那伤口非但没能让她的容颜失色，反而如破晓时的霞光一般，为她增添了几分别样的娇艳，薛灵芸自此圣宠不衰，因为这段奇妙的经历，还被曹丕赐名为“夜来”。

宫人们见薛夜来受伤后如此受宠，颜值也高了许多，便纷纷效仿她的伤痕，在脸上画起了这种“晓霞妆”。看来，有些时候厄运也能转化为好运，而残缺也未尝不是一种美。

名士何晏参加不脱妆挑战

肌肤状态令人称羡

在当今社会，拥有白皙细腻的肌肤，不仅是姑娘们的追求，也成为名士们攀比的“加分项”。为了让自己的面容看起来更姣好，有些男子也会选择在面上敷以白粉，来达到“一白遮百丑”的效果，可脱妆、卡粉、妆感不自然的问题一直困扰着广大爱美人士。

近日，皇帝曹叡在召见名士何晏时，见他妆容异常完美，便临时发起了一场“不脱妆挑战”，命人现场端来一大碗热汤饼，命令何晏当场吃完。炎炎夏日，面对这样一碗冒着热气的美食，何晏实在有点为难，不过皇命难违，他也只好当场大口吃了起来。

可当一碗汤饼见底，神奇的事情发生了，何晏不仅丝毫没有脱妆，在淋漓汗珠的衬托下，他面色白里透红，反而更显清透，惹得围观众人都不由得好奇地问何晏，用的到底是哪一款脂粉？何晏微微一笑，用红衣擦拭，大家这才发现，他竟然根本没有敷粉，这就是他的素颜状态！

据悉，这段时间已有不少脂粉厂家在接洽何晏，希望他能成为自己品牌的形象代言人，何晏在名士圈内的地位有望进一步提升。

第十九期
公元 317 年 12 月 31 日
（本期第 1 版）

▼本期焦点

竹林男团引爆话题榜！

他们凭什么被誉为史上最强男团

魏晋以来，品评之风盛行。为了在圈子里博一个好名声，读书人一反常态，纷纷走出门去，穿上了宽袍大袖，手持麈尾，口吐玄谈，拗起了仙气飘飘的人设。难怪吃瓜群众都说，每年社会上名士更新换代的速度比应季瓜果还快。

可不管潮流如何变迁，一提起名士圈的真“顶流”，还是绕不过那个以“竹林”为代名词的“初代男团”。作为话题榜上的常客，竹林七贤的几位成员都有着鲜明的个性，为了表达自己想要冲破樊笼的人生态度，他们常常做出一些让人无法理解的举动：饮酒、长啸、纵情高歌，裸身起舞……有人笑这是一群疯子，但也有人认为，在这样黑暗的世道下，能这般肆意抒发真性情的他们，才是真正清醒的人。

竹林七贤的魅力到底在哪里？为什么他们看似荒诞不经的种种行为，却引得名士们纷纷效仿？本期《历史简报》，就让我们一起近距离了解一下这个传说中的魏晋顶流男团。

《历史简报》专访：对话“竹林七贤”

“竹林七贤”是由嵇康、阮籍、山涛、向秀、刘伶、王戎及阮咸共同组成的名士团体，组合成立于魏朝正始年间，在朝堂野下都有着极大的影响力。今天，本报有幸采访到了他们中的四位，请他们一起来聊聊“竹林七贤”眼中的魏晋风流。

嵇康Part：

Q：有读者匿名写信向本报反映，说您作为竹林七贤的“队长”，曾多次耍大牌，还将忠实粉丝拒之门外，请问确有其事吗？

A：这个匿名控诉的家伙是钟会吧？他这个人呀，总是挑别人的毛病，却从不会反思自己的问题，谁不知道我们竹林七贤最爱自在逍遥，如果他诚心想与我相交，哪怕不带见面礼，我都会敞开怀抱欢迎他的。可他为了彰显自己的声望和地位，偏偏故意带了许多名流和仆从，前呼后拥地来到我家门前，仿佛这样我就能高看他一眼。

可我这个人偏偏就是很叛逆，他越是装腔作势，我就越无视他的存在，连个眼神都没分给他，继续和向秀埋头打铁，当时他脸都快气绿了，想想就令人发笑。后来他写了篇什么《四本论》，本想上门请我过目，可能是想到了之前的经历，居然连门都不敢进，把书卷从我窗口扔进去就跑了，害得我还以为是有人想偷袭我呢。这里我想奉劝钟会先生，不适合自己的圈子，不要强融。

阮籍Part：

Q：听说您最近学会了一项新技能，即使不说话，也能表达自己的喜怒，可以向我们展示一下吗？

A：这项技能说来也简单，只是我翻白眼比别人翻得更灵活些罢了。见到讨厌的人的时候，我会向他翻一个大白眼；遇到欣赏的人，我就会用青眼看他。顺便说一下，我的“青白眼”是无差别攻击，就算是我的亲哥哥，但我看不上他这样的世俗之人，也会在葬礼上公然给他白眼。

不过归根结底，我之所以用这种方式来表达不满，还是因为现在的时局太危险了，有好多名士都因为只言片语而获罪，甚至有的人什么都没说，只是站错了队，就被当权者无情地抹杀掉了。为了不成为政治的牺牲品，我只能每天用酒把自己灌得醉醺醺的，即便是司马家的人上门提亲，又能拿一个烂醉如泥的人怎么办呢？

山涛Part：

Q：自从您“出道”以来，您和夫人

韩氏的美满爱情就惹得无数人羡慕不已，请问您爱情保鲜的秘诀是什么呢？

A：我想最重要的还是互相欣赏，互相扶持吧。许多人看我如今位列三公，就以为夫人嫁给我是高攀了，殊不知我们刚刚成婚时，我还是个时常为了吃口饱饭而烦忧的穷小子，一直都是夫人在鼓励我、支持我。我也从未自暴自弃过，我相信以我的才能，有朝一日一定能闯出一番事业。我还曾与她打趣，笑说："有朝一日我做了三公，不知道你做不做得来三公夫人呢？"事实证明，她也没有让我失望，我的夫人是全天下最好的夫人。

刘伶part

Q：您可能是历史上第一位因酗酒而知名的人物了吧？听说您还坐着鹿车载着酒，让仆人随身带着一把锄头，说哪天您醉倒了，便就地把您埋了。您不觉得这样的举动有点太惊世骇俗了吗？

A：这算什么？不疯魔，不成活，做人就是要随性一点！在这政局混乱、理想式微的时代，人们总得寻找一点精神寄托，就譬如王戎爱攒钱，阮咸爱音乐，向秀喜爱老庄之学，而我最爱的就是美酒，又有何不可？我品酒，也懂酒，每当喝到好酒时，灵感就源源不断，《酒德颂》就是我喝醉后信笔写下的。什么？你问我为何光着身子坐在房间里？我还想问你呢，我以天地为栋宇，以屋室为衣裤，尔等为何要跑到我的裤子里来？

★《历史简报》在这里提醒您，过量饮酒危害健康，刘伶行为不可取。

成语溯源

司马昭之心，路人皆知

成语"司马昭之心，路人皆知"出自《汉晋春秋》。

魏帝曹髦在位时，朝政已被大将军司马昭把持，随着司马昭的威势越来越大，野心也渐渐不加掩饰。曹髦不胜其烦，某日召集侍中王沈等人，对他们说："司马昭之心，路人皆知也。朕不能眼睁睁地看着他从朕这里抢走帝位，所以朕想先下手为强，与你们一同讨伐他。"但就在曹髦亲率卫士，前去"攻打"司马昭的时候，却被司马昭的心腹当街杀死。后来，司马昭的儿子司马炎逼迫魏元帝禅让，建立了西晋。

后来，这个历史典故演化为成语，用来形容一个人的野心已经非常明显，为人所共知，含贬义。

王衍忏悔书

今天，我怀着复杂的心情，写下这封忏悔书。落笔时，一幕幕往事在我眼前闪过，回过神时，悔恨的泪水已经盈满我的眼眶。当日，“竹林七贤”中的山涛曾当着我的面断言：“误天下苍生者，未必非此人也。”当时我和身边的人只当是一句笑谈，如今想来，竟一语成谶，预言了我一生的结局。

想当初，我也曾受到万众敬仰。我出身高门，少年早慧，凭着潇洒的风仪和过人的辩才，被尊为“一世龙门”、名士之首，非但名利双收，还获得了执掌朝廷权柄的机会，临危受命，担任三军元帅，这是多少人求都求不来的一手好牌，却硬生生地被我打烂了。

这几天来，我所率领的晋军被石勒大军击溃，我也身陷囹圄，成为胡人的阶下囚，我终于开始反思，这些年来，我是否从未认清过自己？我究竟做错了什么，才将自己一步步引向了今日的不堪结局？在人生的最后时刻，我终于醒悟了。

过去的这些年，每天行走在外，我听到的都是变着花样的吹捧之语，我的族弟王敦赞我鹤立鸡群，如“朱玉在瓦”，王戎说我如“瑶林琼树”，是“风尘外物”，在玄谈当道的魏晋时期，上流人士无不对我这个玄谈领袖顶礼膜拜，把我当作神仙来推崇。我有自己的“人设”，自己的“包袱”，我怕沾染上俗气，即便金银堆满床榻，也绝口不提“钱”字；我手拿白玉麈尾，时刻不忘在大众面前拗造型，利用自己的“偶像效应”，让整个政坛都充斥着浮华放诞的风气，失去风骨。

渐渐地，就连我自己都忘记了，清谈救不了摇摇欲坠的晋朝，我也不过是个摇唇鼓舌的“演讲家”，并没有治国兴邦的真才实学。被石勒捉住的时候，我还在拼命地为自己开脱，说我醉心于清谈，很少参与政事，晋朝的败亡罪不在我，可随后石勒的一句话点醒了我，他说：“你名盖四海，身居重任，少壮之年就被朝廷重用，一直到白首之年，怎么能说很少参与政事呢？在其位却不谋其政，如此破坏天下，就是你的罪名！”

这一刻，我才终于恍然大悟，是我的不作为，导致了今日的局面，神州陆沉，中原在战火中化为一片废墟，我难辞其咎！只可惜如今悔之晚矣，我注定要成为历史的罪人，只希望后来人能以我为鉴，听听我的忏悔之言。

作者系西晋重臣、清谈家王衍

朝廷官员高调炫富

奢靡生活皇帝看了都傻眼

近日，晋朝顶级富豪排行榜新鲜出炉，位居榜首的依然是坐拥无数财富的“金谷园主人”石崇，这已经是他第三年蝉联榜首，让人不由得感叹，“富可敌国”也不过如此了。

此前曾有媒体质疑，认为贵戚王恺的实际财富已经赶超石崇，毕竟王恺出身名门，又热衷于敛财炫富，有传言称，这厮为了彰显自己的泼天富贵，竟然用糖水刷锅，用珍贵的紫丝绸围出了足足四十里的步障，让人感叹大佬连出街方式都如此与众不同。

不过很快便有人站出来，表示在排场这方面，石崇的高调程度远超王恺。明眼人都能看出来，石崇在衣食住行上事事都与王恺比着来，王恺用糖水刷锅，他就把蜡烛当柴烧，王恺做四十里步障，他就做五十里，显然有意要压对方一头。

不仅如此，石崇的私家宅邸金谷园内仆僮如云，奢华无比，就连端茶倒水的奴婢都身穿火浣纱高级定制款成衣，要知道，这可是连当今皇帝都舍不得穿的昂贵布料。曾有人受邀前去做客，回来后怒发千字长文《尴尬了！以为自己误入首富卧室，一打听才知道是进了厕所》，当晚就吸引万人讨论转发。看了石崇家的陈设和吃穿用度后，围观群众纷纷感叹：“是贫穷限制了我的想象！”

在一片羡慕声中，也有不少人站出来，指责石崇为富不仁。眼下国家贫困，饿殍遍野，他却只顾个人享受，将大把的财力物力拿来挥霍，这种社会不正之风实在不能助长。

他们还爆料，石崇之所以如此有钱，是因为他在做荆州刺史的时候，劫掠了许多来往客商，这才聚敛了如此多的不义之财。身为朝廷官员，却公然做着强盗勾当，还敢这样大摇大摆地拿出来显摆，再这样下去，石崇就算不受到朝廷的制裁，也终将引火烧身。

一国之君语出惊人
被嘲智商情商双低

近日，一句骇人听闻的言论从宫中流出，引发广泛讨论。

据爆料者称，当时朝中大臣正在向继位不久的皇帝司马衷禀报各地的受灾情况，受各方面因素的影响，今年全国的许多地区都爆发了大规模的饥荒，被活活饿死的百姓不计其数，个中惨象，令人闻之流涕。然而，身为一国之君的司马衷听后却表现得相当茫然，甚至问出了："那他们为什么不吃肉糜呢？"这种让人哭笑不得的蠢话。此事一出，更加坐实了晋武帝时有关"储君存在智力问题"的传闻。

据说，当年晋武帝也多次思考过这个问题，甚至几次动了换掉继承人的心思，但司马衷有贾南风这个皇后做"枪手"，几次都在父亲的考验下蒙混过关，再加上嫡长子的正统身份，最终还是将他推上了这个不适合他的位置上。有消息称，各地的同姓王见此情形，已经蠢蠢欲动，不知道司马衷还能在龙椅上安坐到几时？

好竹出歹笋
蜀汉这下彻底完了

人们常说"龙生龙，凤生凤"，但现实常常向我们证明，基因遗传也没那么可靠，譬如刘备这样的人中龙凤，照样能生出"刘阿斗"这样的憨憨，让人直呼遗憾。

公元263年，后主刘禅不顾姜维等将领死战的请求，执意投降，与蜀汉旧臣们一起被迁往洛阳，封为安乐公，自此蜀汉彻底灭亡，汉昭烈帝刘备和丞相诸葛亮的一腔心血付之东流。

然而，心思深沉的司马昭并没有就此放过蜀汉君臣。他常常在洛阳大搞宴会，邀请刘禅等人参加，表面上是给这些远离家乡的可怜人送温暖，实际上是在试探他们有无复国反叛之心。宴会之上，司马昭又故意放出阴险狠招，派乐队当着这些人的面演奏蜀地经典歌曲串烧。

要知道家乡小调的威力向来不可小觑，想当年，就连项羽这样的霸王也忍不住当场破防，泪洒垓下，今时今日，席间的蜀汉旧臣听此乡音，更哭倒了一片。但反观这场宴会的主角刘禅，竟神色从容，一点要哭的意思都没有，这令司马昭不禁疑惑，难道刘备之子的防御力如此之高？自己的情感攻击到他那里，为何像打在了棉花上？可细一问才知道，刘禅居然是根本没有get到音乐"虐点"，觉得"这儿挺好的，何必要回蜀地？"看到他智商如此不够用的样子，原本满怀猜忌的司马昭也终于放下心来。

对此，有人痛骂刘禅"没长心"，家国大业都倾覆了，竟还能在这里"乐不思蜀"。也有人为他叫屈，说这不能怪孩子，孩子在长坂坡逃难的过程中被摔坏了脑子。更有人猜测，刘禅并非不晓得亡国之悲，只是明白以自己的能力，无法翻盘，只好靠装傻充愣明哲保身罢了。真相究竟如何？可能只有刘禅自己知道了。

清君侧还是打群架？

洛阳乱成一锅粥

近日，都城洛阳政变不断，以楚王司马玮进京为开端，卷入其中的藩王竟多达八位。这八位“司马”各自手握重兵，你方唱罢我登场，将本就不太平的都城打得乱成了一锅粥，也打得晋朝政权摇摇欲坠。

说起藩王们造反的原因，所有的矛头似乎都指向了司马衷的皇后——贾南风。据宫人透露，贾南风容貌丑陋，残忍狠毒，不仅在后宫一手遮天，还把傻皇帝司马衷当作自己手中的木偶，将手伸到了前朝，在朝堂上搅弄风云。贾南风做过的恶事中，最为人诟病的就是害死了太子司马遹。与父亲司马衷不同，司马遹聪明伶俐，因此也成了继母贾南风的眼中钉。当初，晋武帝就是为了让这个聪明的孙子顺利即位，才勉强接受让司马衷这个傻儿子做自己的继承人，可贾南风却设计害死了他，这也给赵王司马伦“清君侧”准备了充分的理由。

最终，贾南风被司马伦用金屑酒毒杀，但洛阳城却并没有因此恢复平静，藩王们的野心纷纷暴露出来，一场混战开始了……

匈奴人刘渊自称“汉室正统”

别太离谱

今早，匈奴单于刘渊在社交平台公开发文称，自己率军南下反晋并非叛乱，而是要复兴大汉朝，与来路不正的晋朝政权相比，自己才是“汉室正统”。此话一出，登时惊呆了一众吃瓜群众，不少人感叹刘渊作为一个匈奴人，连这种话都说得出口，真的有人信吗？照他这么说，汉朝和匈奴那么多年的仗都白打了？

面对质疑，很快刘渊又在自己的帖子下举证，表示汉朝皇室姓“刘”，我也姓“刘”，怎么就不是一家人了？想当年，汉朝送了好几位公主到匈奴和亲，我们这些人就是汉室公主的后人，这才改姓刘的，血统相当纯正。为了增强自己言论的说服力，刘渊决定，将在登坛即位后，把“汉”定为国号，尊奉后主刘禅为孝怀皇帝，并且为汉高祖以下汉三祖五宗设立神主，举行盛大的祭祀活动。然而事实证明，即使刘渊费尽心思，搞了这么一出，仍然无法赢得广大晋朝百姓的支持，对此，刘渊恼羞成怒，当晚便表示：“算了懒得装了，直接开打吧！”

看文别戴滤镜

左太冲颜值让粉丝大呼绝望

众所周知，左思（字太冲）写得一手好赋，著名的《三都赋》便是他的作品，据说当时洛阳的人们为了传抄他的这篇赋，把纸的价格都炒贵了好几倍，足见此人的影响力。可最近，一则#左思 颜值#的话题却冲上热搜榜首，不少粉丝情绪激动地呼喊："看不下去了！不是我们颜值至上，实在是因为偶像长得太丑了！"此话一出，顿时如一石激起千层浪，许多没看过左思文章的路人都忍不住前来围观，想看看左思的外貌究竟有多么"惨不忍睹"。

据目击者称，粉丝见面会当日，左思特地效仿了"传说中的美男子"潘安的出游方式，驾驶私家马车，信心满满地来到郊外，想要重现当日潘安"掷果盈车"的盛景。可他却忽略了自己在颜值上的硬伤，刚一出场，就引起一片哗然，粉丝纷纷惊呼被诈骗，还有人朝着左思吐唾沫，怒斥他连潘安的热度都敢蹭，也不找面镜子照照自己。这天的经历给左思造成了巨大的打击，以至于之后的半个月，他都没有出过房门。小编认为，颜值固然赏心悦目，但内在也很重要，左思的才华是毋庸置疑的，大家还是别太以貌取人了。

绝世美男被围观致死

爱美之心人皆有之，看看美男，大饱眼福也不过是人之常情，但任何事情都要有个度。近日，晋朝都城建邺就发生了一桩因为过度追星而引发的悲剧。

小柔（化名）是当日前往现场"追星"的万千少女之一。她告诉我们，卫玠要来建邺的消息一经传开，整个圈子都炸了。要知道，眼下攀比美貌之风盛行，各地最不缺的就是美少年，但即便如此，有"玉人"之称的卫玠依旧是其中的佼佼者。卫玠的舅舅王济就是一位美男，但每每见到卫玠，他仍要感叹一句："珠玉在侧，觉我形秽。"可见卫玠的颜值高到了何种地步，难怪当天弗论男女老少，都涌上街头，想趁此机会一睹卫玠的风采。

这原本是一件乐事，但随着围观的人群越来越密集，有不少人都感觉到了呼吸困难。小柔告诉我们，当天她被人群撞得难以站稳，只听见远处传来一声尖叫，场面便陷入了骚乱，后来她才知道，是被围在当中的卫玠出事了。

卫玠的兄长卫璪告诉我们："叔宝（卫玠的字）自小就患有羸疾，不堪劳累，众人的围观让长途奔波的他得不到休息，病情加重，这才猝然离世，实在令人悲痛。"卫璪还说，比起美貌，卫玠一直希望大家能更多地关注他的才华。令人唏嘘的是，在卫玠的心愿实现之前，他就先被自己的绝世容颜害死了。

第二十期
公元419年12月31日
（本期第1版）

▼本期焦点

号外！司马睿在江左另起炉灶

公元311年，洛阳失陷，两年后晋怀帝被匈奴皇帝刘聪鸩杀而死。得知晋怀帝死讯后，西晋大臣们拥立他的侄子司马邺为帝，也就是西晋的最后一位皇帝晋愍帝。

晋愍帝继位时，天下已是分崩离析，长安城户不盈百，街市上都长满了高高的蒿草。皇帝和大臣们为了果腹，只能去采收野生的谷子。吃饭都成了问题，更别提和胡人打仗，为了保命，晋愍帝只得向琅琊王司马睿求援，可他没有想到，在南方站稳脚跟的司马睿早已无意北上，而是起了别的心思。

公元318年，晋愍帝投降汉赵，之后惨遭杀害。同年4月，司马睿登上皇位，建立了东晋。然而在登基大典上，这位新帝却做出了惊人之举——他竟几次起身，拉着大臣王导与自己一同坐上御床，接受百官朝贺。王导再三推辞，这才作罢。

王导是谁？他为何有这么大的权势，竟能让九五之尊甘心与他平分天下？权臣当道，曹魏代汉，司马代魏的历史是否会重演？

让我们直击现场，近距离审视这段特殊的君臣关系。

名曲欣赏

《梅花三弄》是东晋将领兼音乐家桓伊创作的一首笛曲，桓伊精于音乐，演奏水平被誉为"江左第一"，也被称为"笛圣"。这曲《梅花三弄》是桓伊在青溪旁邂逅王徽之，应邀吹奏的三调，曲调清新雅致，高妙绝伦，表现了梅花冰清玉洁、傲雪凌霜的品性。

"王与马，共天下"

公元324年，司徒王导被晋封为始兴郡公，赐绢九千匹，食邑三千户，进位太保，并赐剑履上殿，入朝不趋，赞拜不名。作为东晋的开国功臣，王导接受再多的封赏，似乎都是理所应当的，但如今王导权势太盛，也让人不由得联想到了汉、魏两朝被权臣支配的恐惧。

眼下，民间流传着一句童谣："王与马，共天下。"意思是，如今琅琊王氏的权力已经大到可以与司马氏平分天下了，那么王导会成为下一个曹操，或者下一个司马懿吗？作为西晋王朝的现任统治者，司马绍（晋明帝）难道就不担心吗？

面对我们的诸多疑问，司马绍并没有露出紧张的神情，只是摆了摆手，表示自己绝对信任王导："你们莫要以小人之心度君子之腹了，虽然琅琊王氏也出过篡逆之徒，但王导绝对不是这样的人。你们还不知道吧？朕赐给王导的那些赏赐，全都被他原封不动地退回来了。凭借王导的权势，他但凡有一点僭越之心，朕都没有机会坐上这个皇位。"

司马绍告诉我们，王导与先帝（司马睿）虽名为君臣，但情同挚友，如果没有王导的鼎力相助，先帝便不可能在长江以南站住脚，更弗论登基为帝，建立新朝。

"当时先帝只是一个不受重视的小王，在朝中官位也不高，而王导出身名门，有将相之才。所以就连先帝自己都觉得，与王导结交，是自己高攀了王导，能得到王导的倾心相待，全力辅佐，更是自己三生有幸。"

彼时时局动乱，八王政权，作为高瞻远瞩的政治家，王导一早便为好友司马睿定好了"南渡归国，安身江左"的战略方针。王导曾对司马睿说："眼下天下虽然动乱，但混乱之后必将归于安定，您应看准时机，匡扶天下，但这少不了管仲、乐毅这样贤能之人的辅助。所以臣建议您不拘南北，广择良才，像顾荣、贺徇等人，都是南方的名士，如果您能礼敬他们，还愁江左士族不归顺于您吗？"

在帮助司马睿收服了江左世族后，王导又替他解决了一桩经济难题。当时朝廷财政吃紧，国库中只剩下几千段粗丝布可以卖了换钱。但有财力的士族们都看不上这种布料，无人肯购买。正当司马睿一筹莫展之际，他忽然发现，王导和朝中的一些名贤都穿上了这种粗丝布的衣裳。以王导在名士圈的影响力，这就好比一则行走的活广告，当即引得士人们纷纷效仿。在这种风潮下，国库中的粗丝布很快告罄，财政危机也得以缓解。

如果说上述这些事，都只能证明王导是位社稷能臣，那么"王敦之乱"时，王导便是用自己的忠正，给司马绍吃下了一颗定心丸。当时，王导的堂兄王敦起兵作乱，王导作为晋臣，坚决护卫帝室，反对王敦篡权，又在风雨飘摇之际临危受命，辅佐刚刚即位的司马绍，平定了王敦之乱。

司马绍说，时至今日，王导每每得到封赏，还是会前往先帝灵前拜祭，不胜哀戚。我们有理由相信，王导这些年来为晋室竭尽心力，不只有政治原因，也是因为他放不下与司马睿之间的那份珍贵友情吧。

祖逖：北伐路上的『孤勇者』

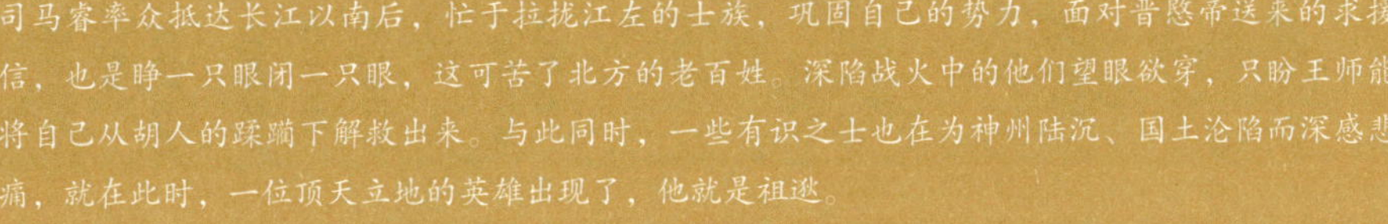
编者按

司马睿率众抵达长江以南后，忙于拉拢江左的士族，巩固自己的势力，面对晋愍帝送来的求援信，也是睁一只眼闭一只眼，这可苦了北方的老百姓。深陷战火中的他们望眼欲穿，只盼王师能将自己从胡人的蹂躏下解救出来。与此同时，一些有识之士也在为神州陆沉、国土沦陷而深感悲痛，就在此时，一位顶天立地的英雄出现了，他就是祖逖。

本期“热点人物”，我们采访到了几位祖逖的亲朋好友，接下来，就让我们通过他们的视角，来认识一下这位敢于逆流而上的杰出军事家。

并州刺史刘琨：

年轻的时候，我和祖逖在司州做过同事，从那时起，我就十分敬佩他。

我们的官位不高，但志向都不小。祖逖是个热血青年，夜深时分，他常常掀被而起，拉着我的手说：“眼下朝堂不宁，如果有朝一日天下大乱，豪杰并起，我们两个应当携手在中原干出一番大事业！”一番演讲，激励得我睡意全无，亢奋到下半夜，可就在我打算趁着太阳升起前，补一补觉时，这位仁兄竟又一脚把我踢醒，精神抖擞地振臂道：“大好的时光，睡什么睡，起来嗨！”我没有办法，只好睡眼惺忪地爬起来，与他一同到院子里舞剑，听说这件事后来还传成了什么“闻鸡起舞”的美谈？想想那时的经历，还真是怀念，只可惜后来祖逖率族人南下避乱，而我被卷入北方的战祸，不过我们的志向都没有改变，也算是殊途同归了！

祖逖邻居老张：

提起祖逖，那可真是一位了不起的后生啊！

他出身大族，却一向没有架子，不但仗义博学，还热心善良。当初洛阳失陷，他率领乡亲们一同南下到淮泗避乱，在路上他竟然将自己乘坐的车马让给我这个老头子，自己下车步行！我连忙推辞，他却说照顾老幼是他应该做的。不仅如此，他还把药品、衣物、粮食分给大家，还一次次替我们赶跑前来劫掠的山贼水寇，一路上不知道拯救了多少人。为了表达对祖逖的感激，我们都心甘情愿地推举他为“行主”，相信来日他必定大有作为！

北伐军士兵小吴：

祖将军独自北伐，其实是出于无奈。当时，司马睿出于私心，并不支持他，祖将军只好自己筹措粮草军备，就连我们这些士兵，也都是他利用自身影响力招募来的。可就是这样一支军队，却在对抗胡人的道路上连战连捷，这都是祖将军精诚所至。

还记得那天，祖将军率领我们从京口横渡长江，在行到中流的时候，忽然奋力敲击船楫，而后对着江面朗声道：“祖逖如果不能扫平中原，收复失地，就像这滔滔江水一样一去不回！”我们都被祖将军的慷慨激昂感染了，纷纷握紧了手中的武器，在我们心中，祖将军是一位真正的勇者！

谢安石“东山再起”

公元360年，谢安应征西大将军之邀，担任其帐下司马。谢安赴任当日，新亭人满为患，前来为他送行的人将道路挤得水泄不通，而“谢安出山”词条甫一出现，也在短短几小时内便引爆了热搜。谢安何许人也？他为什么有这么大的排面？就让小编来为各位细细分说。

谢安，字安石，出身陈郡谢氏，风神秀彻，少有美名，是备受名士们推崇的风云人物，曾多次蝉联“最具气度名士榜”榜首，就连宰相王导也多次为其点赞。不过，盛名加身的谢安并没有急着进入政界，而是投身教育行业，隐居在会稽的东山，致力于教养谢家子侄。谢安是个慢性子，年过四旬仍不急于创业，而是高卧东山，每天与王羲之等名家游山玩水，被问及对荣华富贵的态度时，谢安只是笑笑，回应道：“恐不免耳。”

谢安从容不迫的态度，急坏了皇帝和大臣们，民间甚至流传着一句话：“安石不出，如苍生何？”这在进一步抬高谢安名气的同时，也加重了他肩上的压力。本次谢安出山，背负着太多人的瞩目和期待，如今外敌虎视眈眈，内有权臣环伺，这位话题人物究竟真如传闻中那样胸怀韬略，还是只是徒有虚名？相信我们很快就会有答案。

吏部官员被指办事效率低

“我父亲加九锡的事情为什么迟迟没有结果？吏部办事也太拖延了！”

近日，南郡公桓温之子桓熙找到记者，控诉吏部官员在为其父加九锡一事上的不作为。桓熙说：“我父亲身为朝廷重臣，多次为朝廷出兵北伐，平定蜀地，消灭成汉，战功赫赫，先帝临终前曾立下遗诏，让我父亲效仿周公摄政，辅佐新帝，还说‘少子可辅者辅之，如不可，君可自取。’当年刘备在白帝城向诸葛亮托孤的时候，不就是这么对他说的吗？这不就证明在先帝心中，我父亲与诸葛亮一样值得托付吗？为什么如今我父亲要加九锡，那些人却屡屡阻挠？”

对此，我们询问了吏部郎袁宏，袁宏直言：“这是谢安和侍中王坦之的意思。”他还告诉我们，“九锡”是赐予大臣的最高礼遇，不可乱加，因为昔日曹操曾接受汉献帝所赐的“九锡”，所以“九锡”也被视为篡权的象征。桓温权倾朝野，狼子野心昭然若揭，他们表面上是在拖延，实际上是在捍卫东晋的皇权，不让桓温的阴谋得逞。有知情人士称，桓温如今病势垂危，照这个拖法，恐怕是等不到加九锡那天了。

我眼中的淝水之战

编者按 公元383年，一场大战在淝水两岸爆发。主打这场战役的双方，一个是一统北方的前秦天王苻坚，一个是东晋新锐将领谢玄，双方不仅经验悬殊，兵力更是相差甚多。然而，战争的结果却出乎所有人的预料——身经百战的苻坚竟被打得落花流水，铩羽而归。而扭转这场战局的，竟是一位潜伏在自己阵营的东晋降将。为了进一步了解淝水之战的全貌，今天，我们专门采访到了这位东晋最强"伪装者"。

小编：朱序，您好，首先恭喜您帮助东晋军队赢得这场胜利！

朱序：你们过誉了！这场战争之所以能取胜，靠的是征讨大都督谢安的精心部署和前锋都督谢玄的从容应对，以及北府军的奋力拼杀，在下只是在关键时间点，做了一点微不足道的贡献。

小编：您还真是谦虚。我听说，苻坚想吞并东晋不是一天两天了？

朱序：苻坚觊觎江南已久，在统一了北方诸国后，他便将剑尖指向襄阳，当时我作为梁州刺史，死守了整整一年，还是没能抵挡住苻坚的十七万大军，不得已才向苻坚投降，但我始终在等待机会，为国家效力。

小编：也就是说，在战争爆发之初，局势对于晋军来说还是相当不利的？

朱序：主要是苻坚的兵力强大得有些夸张了。当时，他已经消灭了燕、凉、代等北方国家，麾下聚起的强兵竟有九十七万之多。开战前，苻坚曾放出豪言，但凡他下令让手下士兵把马鞭投入江中，就连长江也会为之断流，而晋军只有区区八万人，情况实在不容乐观。

小编：这样看来，要战胜秦军，除非有奇迹出现。

朱序：奇迹是要靠人来创造的，随秦军南下的过程中，我发现这支规模庞大的军队也并不是全无弱点的。就像瘦子一般行动轻盈，胖子一般行动迟缓一样，想要把这么多兵力全部调动起来，也绝非易事。如果晋军可以趁苻坚的百万大军抵达前，派出精锐，一举击败秦军的先头部队，那么秦军必然会自乱阵脚，这样晋军才有一线生机。如果等到九十七万大军全部到位，就算神仙也无力回天了。

小编：言之有理，可您该怎么把这个重要情报传达给晋军呢？

朱序：说来也巧，或许是苻坚过于志在必得，他竟然想到要派我去晋军劝降，这样难得的良机我怎么会错过？我当即便把所思所想告知谢玄等人。更让我们惊喜的是，决战当日，苻坚竟然下达了一个无比错误的命令——他竟然答应让晋军渡过淝水再决战。

小编：苻坚竟会那么"好心"？

朱序：他打的算盘是暂且后退，趁晋军渡河过程中，一举截杀。可晋军却抓住了这个机会，在渡河时率先发起进攻，秦军应对不及，遭遇惨败。我们又趁机在阵后大喊："秦兵败了！"一时间庞大的秦军军队全乱了，谢玄都督趁机发起总攻，取得了最终的胜利。此战过后，苻坚再也没有能力南侵了。

秦军士兵出现战后幻觉

本报讯 遭遇惨败后，前秦皇帝苻坚率领所剩不多的残余士兵向淮北奔逃而去，然而就在逃亡途中，秦军竟又发生骚乱，而这一切的诱因竟是打败仗后的“战后幻觉”。

“只有真正经历过那场战争的人才会了解，当时的场面是多么惨烈。”回顾起淝水大战，秦军士兵小丁的脸上仍写满了恐惧，“除去被晋军杀死的少部分士兵外，我们军中大部分人都是自相践踏而死的，还有掉入水中淹死的，尸体填满了道路，阻断了江河，当时我们除了逃命，真是什么都不知道了。”

小丁说，逃亡的时候大家因为太过恐惧，就连听到风声或者是山中传来的鹤唳，都会以为是晋军追上来了。他们昼夜奔逃，一刻也不敢休息，加上饥寒交迫，有十分之七八的人都死在了这场战争中，就连苻坚自己也中了一箭，身受重伤。在战后接受采访时，苻坚不由得感慨：“谢家那群小子确实有两下子，是孤轻敌了。”

谢安为下棋豪掷别墅

据知情人爆料，就在淝水之战开战前夕，军情最为紧急之际，身为这场战役的幕后总指挥，谢安却在自家别墅内大开赌局，下棋宴饮。种种行径让人不禁质疑，这位千呼万唤始出山的“风流宰相”是否真的像传闻中那样“神”？更有人指责谢安玩忽职守，把国家存亡当作儿戏。

针对此事，我们采访到了当日与谢安对弈的名士张玄。提起那天的经历，张玄笑说：“八万人打二十七万，换谁谁不急？当时军中的各位将领都有点慌了，前锋都督谢玄几次登门向他叔叔谢安询问御敌之策，可谢公说的话都像谜语似的，实在让人捉摸不透。谢玄没有办法，只好托我再去问，可没想到谢公竟然直接拉着我跑到山间别墅下棋去了。照理说，平日里我对自己的棋艺还是很有自信的，但这么紧张的气氛下，谁还有心思下棋啊，我连棋子都快捏不住了。可那头谢公却满脸的镇定自若，还把这座别墅作为赌注，送给了他外甥羊昙。说来也神奇，看到谢公如此举重若轻，将领们的情绪也逐渐稳定下来，开始冷静地思考作战方略，各司其职，全力为决战做准备。”

得知谢玄在前线取得全面胜利后，谢安也没有露出过于欣喜的神色，只是淡淡道：“小儿辈遂以破贼。”但据谢家小辈透露，谢安只是在贯彻自己从容的人设罢了，其实心里还是很高兴的，要不然跨过门槛的时候，他怎么会连自己的木屐齿断了都没发现呢？

王羲之写下传世名帖

近日，我朝著名王羲之的书法作品《兰亭集序》对外展出，开展以来，已吸引千万书法爱好者前来观览。看过这幅书法作品的人，无不赞叹其中蕴含的飘逸变化之美，更有人感慨，如此翩若惊鸿、婉若游龙的名帖，夸一句“天下第一”，也绝不过分。

谈起《兰亭集序》的创作经历，王羲之坦言，这是一幅难以复刻的特别之作：“还记得那是永和九年（公元353年）的三月三，我与谢安、孙绰等人照例去山阴兰亭举行禊祓仪式，所谓‘禊祓’，就是在上巳日来到水边洗濯去垢、祓除不祥的祭祀活动。兰亭是个好地方，一眼望去尽是崇山峻岭，茂林修竹，加之暮春时节，风和日暖，大家的心情都十分愉悦。不知道是谁率先提议，大家列坐水边，玩起了曲水流觞，酒杯顺水而下，一首首诗作在谈笑中写成。活动结束后，他们邀请我为诗集写一篇续作，我当时也是喝高兴了，文思泉涌，援笔立成，写下了这篇《兰亭集序》。这真的是我发挥最好的一次，不怕你们笑话，让我酒醒之后再写一遍，我可能都写不出这么好的作品了！”

据了解，王羲之出身琅琊王氏，七岁起开始学习书法，曾跟随楷书大家卫夫人学书。王羲之无心仕途，一心钻研书法，不仅精通楷书、行书、草书，更能将几种书体熔于一炉，推陈出新，他的儿子王献之和王徽之承袭家学，也都成为赫赫有名的书法家。

谢氏才女想离婚

前不久，谢安的侄女谢道韫与王羲之次子王凝之举行了盛大的婚礼。同为钟鼎世家，又同住乌衣巷，王谢的这场联姻可谓是珠联璧合，然而就在燕尔新婚之际，新妇谢道韫却哭着跑回了娘家，这让人不得不好奇，究竟发生了什么？

“道韫是我最疼爱的侄女，为了她的婚事，我属实花了不少心思。起初我属意的侄女婿是王羲之的第五子徽之，但徽之这孩子自由散漫得过分了，我担心他不是好好过日子的人，这才将道韫许配给老实本分的凝之。照理说，王羲之的儿子弗论哪个，都不该是庸才，事情发展到今天这个地步，我这个做叔父的也有些困惑。”

在朝堂上，谢安是主持大局的救世宰相，但回到家里，他也不过是为小儿女操心的长辈罢了。面对我们的采访，他无奈地表示，现在年轻人怎么想的，他实在是有些搞不懂了。

而当事人谢道韫的情绪则更加激动，她红着眼眶道：“我叔叔是谢尚、谢安，我同辈的兄弟有谢韶、谢朗、谢玄、谢渊，哪个不是人中龙凤？如果不结这个婚，我都不知道，天壤之间竟然会有王凝之这样的人！”

其实也不怪谢道韫如此不平衡，在旁人看来，谢家子弟无不是芝兰玉树，但作为女子，谢道韫的文才甚至盖过了同辈兄弟，她自然看不上沉迷五斗米道、愚钝荒唐的王凝之。此事发生后，众人在替谢道韫惋惜的同时，也不免慨叹，如果当初谢道韫嫁给了随性多才的王徽之，她的命运会不会不同？

公主太爱我了怎么办

与被夫人嫌弃的王凝之不同，王羲之的第七子也遇到了自己的感情难题，而他烦恼的原因竟然是太受欢迎了。

“子敬（王献之的字）自小长得就漂亮，气质又旷达从容，是着火了都不着急往出跑的性子，书法也是我们兄弟中练得最好的，从小到大没少招桃花。后来他娶了妻子郗道茂，夫妻二人琴瑟和鸣，举案齐眉，我们都以为他俩会一直恩爱下去，可谁能想到，成了亲的子敬依旧魅力不减，竟招来新安公主哭着喊着非他不嫁，说来也真是一段孽缘。”

为了嫁给王献之，新安公主逼迫他休掉郗道茂，对此，一向温润平和的王献之做出了激烈抗争，他灸伤了自己的脚，宁愿落下残疾，也要捍卫自己的婚姻。然而个人的坚持到底拗不过皇权，最终新安公主还是嫁入了王家，而王献之在临终之际，仍难以割舍这段感情。在弥留之际，他被问及有何遗憾，王献之目光空茫，只留下一句：“不觉余事，唯忆与郗家离婚。”

第二十一期
公元 580 年 12 月 31 日
（本期第 1 版）

▼本期焦点

皇帝被顾命大臣杀死了

公元420年，出身贫寒的北府兵将领刘裕灭亡东晋，建立了刘宋。数年后，在长江以北，一个叫拓跋焘的鲜卑人统一了北方，结束了十六国割裂的历史局面。

一南一北两个新生王朝遥相对峙，一个崭新的时代——南北朝就此形成了。

也许当时就连刘裕自己都不会想到，这种南北分裂的局面会持续近三百年，直到公元589年才宣告终结。彼时病势垂危的他有更紧急的事情要忧心，那便是他驾崩后，年少平庸的太子刘义符究竟能不能担起这个重任？自己呕心沥血建立的新王朝该如何延续下去？

走到生命尽头的刘裕采取了一个历朝历代君王都会采取的办法——他挑选了四位最有能力，也是最信任的大臣，作为顾命大臣，将儿子和江山都托付给他们。可刘裕不会想到，就在短短两年后，宋少帝竟然横死宫中，而杀死他们的不是别人，正是当初他托孤的那几位顾命大臣。

这究竟是怎么回事？难道刘裕看走眼了吗？

谢晦死得冤不冤

公元426年，曾参与废杀宋少帝，迎立其弟刘义隆的权臣谢晦被诛杀于市曹，年仅三十七岁。行刑那日，谢晦的女儿彭城王妃赶到刑场，只见她披散着头发，光着脚，失声哭喊着："阿父，大丈夫当横尸战场，奈何狼藉都市？"说罢便哭得昏死过去，围观的行人看到如此惨烈的诀别场面，也不禁纷纷落泪。

一个弑君谋反的叛逆之臣，为何他的死会引来这么多的同情？难道其中另有冤情？谢晦到底该不该死，从开国能臣到阶下死囚，他都经历了什么？

为了弄清背后原委，本报记者专程赶往台城，面对我们的采访，皇帝刘义隆露出了颇为复杂的神情，他坦言："如果没有谢晦，朕当不上这个皇帝，但也正是这个缘故，他必须死。"

谈及谢晦的死亡，刘义隆不无惋惜。他表示，对于刘宋而言，谢晦的确是一个忠臣——至少曾经是。

"在朕很小的时候，谢晦就已经是我父亲的左膀右臂。当初，我姐夫徐逵之被荆州刺史司马休之所杀，父亲恼怒不已，失了冷静，当即便要披上战甲与司马休之决一死战。为了阻止我父亲冲动行事，谢晦上前死死抱住了他，即便父亲放话说要斩了谢晦，谢晦也没有放手，而是高喊道：'天下可以没有我谢晦，但不能没有您，谢晦死又何妨！'父亲这才冷静下来，没有酿成大祸。在建立新朝的过程中，谢晦机敏多谋，屡立大功，入关十策，谢晦自己便贡献了九条，可以说在智计这方面，堪称独步天下。"

刘义隆还提到，谢晦不仅智慧过人，外貌气度也远非常人所能及。在他的记忆中，谢晦风姿俊美，眉目分明，鬓发如墨，与他的叔叔谢混并肩而立，仿若一对玉人。除此之外，作为谢氏子弟，谢晦博览群书，颇有文才，从各个角度看，都近乎完人。

"少年时朕不止一次想过：等我长大后，也有一个像谢晦这样的人来辅佐我，那该有多好，想不到有一天这个梦想真的实现，我们之间却已经走向陌路。"

公元424年，面对少帝刘义符做下的种种昏庸行径，四位顾命大臣谢晦、檀道济、徐羡之、傅亮决定不再听之任之，他们率兵闯入宫禁，收缴了刘义符的皇帝玺绶，废杀了这个行事荒唐的小皇帝，改立宜都王刘义隆为帝。汉晋以来，这样的事情时有发生，或许在他们眼里，这不过是为了守护刘宋，做下的权宜之举罢了，但这却在年轻的刘义隆心中留下了一道难以抹去的阴影。

"有时候忠臣良将和乱臣贼子只有一线之隔，但作为皇帝、朕赌不起，这样胆敢废黜皇帝，操纵权柄的臣子，朕也不敢留。"

据悉，目前谢晦、檀道济、徐羡之、傅亮四人已全部被处死，刘义隆这回可以彻底放心了，然而剪除了这几位社稷栋梁，刘宋这座大厦还能屹立多久？我们不得而知。

檀道济：万里长城倒下了

编者按 公元436年4月9日，在其他三位顾命大臣被“清算”后，檀道济也被宋帝刘义隆下旨处斩。作为功勋震世的北伐名将，檀道济一心报国，因此直到被逮捕前，他都不相信朝廷竟会辜负他的一腔忠诚和热血，待到被拘捕时，他更是愤愤地摘下头巾，怒吼道：“你们这是在再度毁掉自己的万里长城！”

很快，檀道济的死讯便传到了北魏，得知此事后，檀道济的老对手、北魏皇帝拓跋焘又会做何感想呢？让我们来听听他是怎么说的——

与所有北魏人一样，在听到檀道济被杀的消息后，我先是一阵难以抑制的狂喜：檀道济虽说已是一员老将，但他智勇双全，只要他在一日，北魏就一日不得安宁，如今他竟被自己的皇帝杀死了，岂不是天助我也？檀道济一死，南方的那群汉人还有什么好忌惮的？

可喜悦过后，我的心中又难免浮现出一丝惋惜。

在我心中，檀道济一直是一位值得尊敬的对手。还记得六年前，我军与檀道济率领的宋军交战，起初我没看得起这群南方来的兵将，认为他们就像软弱的牛羊一样，任人屠戮，可檀道济却用战绩给我上了一课。

连败三十多场过后，我军元气大伤，正当我为如何对付檀道济而发愁的时候，一则好消息传来——一个从檀道济营中逃来的降兵告诉我们，檀道济抵达历城时，军中粮食被焚，剩下的米粮已支撑不了几天！我当即决定，绝不能放过这个机会，于是马上命令大军追击宋军。果然，不久前线传来消息，缺粮之事令檀道济帐下士兵军心涣散，可就在我军即将对宋军发起总攻时，宋军之中却发生了一件怪事。

那一晚，前去探查的士兵连夜回来报告，他说檀道济军中正在趁着夜色分粮，数着筹码称粮食的声音在营外都听得到。他还说自己确确实实在宋军军营中看见了一袋又一袋米粮，排队领粮食的队伍排了老长，士兵们根本不像没饭吃的样子。

我听后心中大震，难道我们又中了檀道济的诡计？难道那个来报信的降兵不过是檀道济派来引诱我们的间谍？我越想越蹊跷，想要追击，又唯恐落入他设好的圈套，只得眼看着他们从容不迫地撤出我们的包围圈。然而等我们追到宋军营地，打开那一袋袋被弃置路边的米袋的时候，却发现里面装着的不过是伪装成粮食的黄沙，当夜宋军士兵唱筹称量的，不过是盖在沙子上那薄薄的一层米罢了！

檀道济不费一兵一卒，仅用一手“唱筹量沙”的计策，就让我军栽了大跟头，自己则带领兵马全身而退，我在气得牙痒痒的同时，也由衷地佩服这个机智的对手。想不到他如今却平白死在了自己人手里，怎能让人不为之掬一把辛酸泪？

本文节选自《北魏太武帝回忆录》

华林园内惊现“阿飘”

公元465年12月，一声惨叫打破了夜的沉寂。几日后，宫中华林园竹堂“闹鬼”的消息不胫而走，并且越传越真，渐渐地，全宫上下已经到了谈“华林园”色变的程度。

据宫人小丙透露，自己曾不止一次在华林园看见“鬼影子”：“那晚我一个人提着灯笼值夜，忽然看见竹林之中飘过一道白色的身影，看身形，酷似某个被陛下处死的宫女。一定是陛下平日杀人太多，那群鬼魂回来寻仇了，真是太可怕了！”事情发生后，皇帝刘子业当即询问了宫中的巫师，而巫师也给出了与小丙同样的答案。

作为一名向来不把天地祖宗放在眼里的年轻帝王，对于闹鬼一事，刘子业并没有生出多少恐惧，而是兴致勃勃地拿起御弓，带着侍从，到华林园竹堂中去猎奇“射鬼”。然而就在他刚刚踏进竹堂的一瞬间，一把刀狠狠刺入他的胸腹处，行刺者不是别人，正是他的亲信寿寂之。

事后寿寂之交代：“刘子业平日太过残暴无道，他不仅大肆屠戮官员百姓，还百般殴打羞辱自己的叔父，将他们视作猪狗一般，实在是灭绝人性。我们再也无法忍受了，这才四处散播闹鬼传言，将他引到华林园来，合力杀死了他。”刘子业死后，他的叔叔刘彧自立为帝，不幸的是，刘彧的昏庸残暴程度，丝毫不逊于刘子业，看来老百姓的苦日子还远没有结束。

七夕节杀人事件

元徽五年（公元477年）七月七日，位于建康的仁寿宫内发生了一起恶性杀人事件，受害者刘昱（宋后废帝）身中数刀，被发现时已无生命迹象，据悉，刘昱近侍杨玉夫有重大作案嫌疑。

经审讯，杨玉夫对自己的罪行供认不讳，不过他多次哭诉，自己弑君着实是不得已而为之：“刘昱才十五岁，就养成了极为残暴的性子，平日里以杀人为乐，别说我们这些侍从，就连朝中的大臣们也每天活得战战兢兢，唯恐哪天碍了刘昱的眼，成为刀下鬼。七月七日那天，正赶上我服侍刘昱就寝，那晚他喝得酩酊大醉，吩咐我到外面去守着，看到牛郎织女相会就来禀报他，要是看不到就拿我开刀。这段时间他一直看我不顺眼，还几次放话要杀我，我知道要是等到刘昱醒了，我必定就活不成了，这才先下手为强，趁他熟睡结果了他。”

刘昱被杀后，权臣萧道成拥立安成王刘准（宋顺帝）为帝，掌控了刘宋朝堂。一年半后，萧道成见时机成熟了，便迫使刘準禅位给自己，建立了南齐，南朝的第一个王朝刘宋就这样灭亡了。

今天你学“汉话”了吗

近日，本报记者在去北魏新都洛阳采访的路上，发现了一个令人啧啧称奇的现象——在洛阳街头，忽然凭空多出了一大拨“汉人”，这些人操着一口生涩的汉话互相交谈，像汉人一样行礼打招呼，可只要走近一点你就会发现，这些人的面孔还是典型的鲜卑人长相。

好端端的，这些北魏民众为什么要模仿汉人？这股风潮又是谁带起来的呢？记者在街上问了一大圈才搞明白，原来北魏民风之所以发生如此大的变化，是因为北魏皇帝拓跋宏自己就是一位出了名的汉文化“发烧友”。

一位北魏官员告诉记者：“咱们这位陛下热爱汉文化到了如痴如醉的程度，他不仅自己喜欢读那些汉人的经典，把自己的姓氏改为汉姓‘元’，穿汉人的衣服，还颁布诏令，让我们这些官员百姓都跟着学，都跟着改，都跟着穿。更离谱的是，他甚至禁止百官在朝堂上说我们的母语，只准我们说汉语，否则就要免官，这叫什么事吗？不说了，我要赶紧去备考汉语八级了。”

据了解，拓跋宏此次汉化改革并非一时兴起，早在他亲政前，他的祖母冯太后就曾在北魏朝中推行过一系列改革。拓跋宏亲政后，更是立志要将改革进行到底，为此他先是把北魏的都城从北地的平城迁到了中原洛阳，而后又着手用汉人的政治制度和文化，对北魏的鲜卑旧俗进行全面改革。

对于此次改革，北魏的官员们也持有不同态度。支持者认为，既然要向中原地区发展，就要适应当地的文化，况且“三长制”“均田制”等都是先进的政策，它们会使国家向着更好的方向发展，何乐而不为呢？反对者则认为，汉人的制度未必全都适应北魏的国情，全盘照搬未必是好事，这种全面清除本民族文化的学习模式，对于他们原有的鲜卑文化而言，无疑是一场浩劫。

好书推荐：

各位读者你们好！今天我想推荐的书籍，是北魏著名农学家贾思勰编著的农学专著《齐民要术》。翻开这本书的一瞬间，我就被书中丰富实用的农业知识吸引了，它不仅收录了耕田、播种、畜牧养殖、园艺蚕桑等各种第一手经验，还教会我们如何制作先进农具，如何酿酒、制盐、造醋，如何烹饪菜肴，简直是种田人的福音。有这样一本农业生产的百科全书在手，即使是战乱年头，我们也不用担心饿肚子了！

推荐人：农业爱好者小王

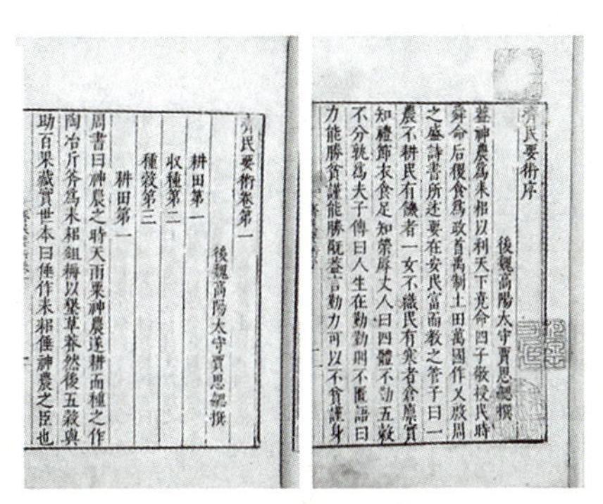

齊民要術序

後魏高陽太守賈思勰撰

蓋神農為耒耜以利天下堯命四子敬授民時舜命后稷食為政首禹制土田萬國作乂殷周之盛詩書所述要在安民富而教之管子曰一農不耕民有饑者一女不織民有寒者倉廩實知禮節衣食足知榮辱丈人曰四體不勤五穀不分孰為夫子傳曰人生在勤勤則不匱語曰力能勝貧謹能勝禍蓋言勤力可以不貧謹身

齊民要術卷第一

後魏高陽太守賈思勰撰

耕田第一

收種第二

種穀第三

耕田第一

周書曰神農之時天雨粟神農遂耕而種之作陶冶斤斧為耒耜鉏耨以墾草莽然後五穀興助百果藏實世本曰倕作耒耜倕神農之臣也

梁帝又又又出家了

要问眼下最热门的行业是什么？十个南梁人中有九个都会不假思索地回答：“那当然是做和尚啊！”如果有人提出不同意见，他们还会振振有词地反驳：“要是做和尚不好的话，为什么连皇帝都拼了命地要皈依佛门？”

的确，随着建康的寺庙越修越多，金身佛像一座座立起来，南梁的佛门已经逐渐和清苦挨不上边。在南梁皇帝萧衍（梁武帝）的倡导下，越来越多的人跟风“遁入空门”，平日里，被供养得脑满肠肥的和尚们比官员士绅还要趾高气扬，俨然站上风口，成为这个国家的“代言人”。他们以修筑庙宇为名，大肆占有土地；以宗教为诱饵，蛊惑黎民百姓，为自己谋取“香火钱”。据统计，整个南梁光是僧尼就有八万多人，被他们榨取的民脂民膏更是不计其数。

和尚们这么嚣张？就真的没有人能管管吗？

“管不了！”一位不愿透露姓名的南梁官员告诉我们，“陛下已经彻底被佛教迷住了，起初他还只是在宫中吃吃素斋，念念经文，隔三岔五大兴土木，建几座气势恢宏的寺庙。可最近几年，他竟然连皇位都不要了，亲自跑到同泰寺去舍身出家，无论我们怎么求都不肯回来。最终还是我们这些大臣凑了一万万‘还俗费’，他这才依依不舍地回了皇宫。可没过两年，他竟然又跑到同泰寺当和尚去了，我们只好又凑出一万万钱，赎回这位‘皇帝菩萨’。有一有二就有三，算上前几天那次，陛下已经出家四回了。他要是再不肯回来，我们就真的没钱赎他了！”

信仰佛教无可厚非，但如此“佞佛”就太荒唐了。想当初，萧衍也是一位文武双全、励精图治的贤明帝王，如今却屈膝成为宗教的奴仆，着实令人唏嘘。

希望萧衍可以迷途知返，早日回到自己的“工作岗位”，重新做回对子民负责任的贤明君主。

"宇宙大将军"打过来了

太清二年（公元548年）秋，寿阳传来消息，侯景带领八千人马起兵叛乱，直奔建康杀来。

提起侯景这个人，大家可能有些陌生，此人原本是一名东魏叛将，因为得罪了东魏丞相高澄，不得已投奔西魏，被西魏排斥后，又像丧家之犬一样逃到了南梁。侯景一到南梁，就得到了梁帝萧衍的重用，萧衍不仅封他为河南王，还让他都督河南军事，对他委以重任。因此，在听闻侯景反叛的消息后，众人纷纷痛骂侯景："真是一匹白眼狼！"

可侯景却并不接受这一指控："我对不起萧衍，难道萧衍就对得起我吗？你们可知道，前些日子，萧衍的侄子萧渊明被东魏俘虏，我唯恐萧衍会把我卖了，便假冒高澄给萧衍写了一封信，想诈他一下，信中我让他用我来交换萧渊明，结果萧衍想都没想就答应了。收到信后，我既愤怒又后怕，如果这封信真是高澄写的，那我岂还有命在？所以我才决定先下手为强，好好教训教训这个满口慈悲的假和尚。"

据悉，侯景已在南梁宗室萧正德的内应协助下，攻入台城。在活活饿死萧衍后，侯景立太子萧纲为傀儡皇帝，又自封"宇宙大将军"，看这样子过不了多久，他就要灭掉南梁，自己做皇帝了。

北齐皇帝有点疯

近日，北齐太医院的医官们接诊了一位特殊的病人，他便是北齐的现任皇帝高洋。在问诊的过程中，高洋神情复杂地说，他感觉自己这段时间的精神状态"不是太好"。

"我当然想做一位爱民如子的好皇帝，事实上，这些年来我也一直在以最高标准要求自己。可最近不知怎么，我总感觉自己的身体里还住着另外一个人——不，又或者说那根本不是人，而是一个嗜血残暴的恶魔。"

高洋说，近段时间他的生活中总是发生一些怪事，就比如某天他发了下呆，再回过神时就发现自己竟然站在了一座立地数丈的高台顶端，他当时便吓得双腿发软，可左右侍从却瑟瑟发抖地回禀，说是他自己非要爬上去的。还有一次他喝醉了酒，竟然把自己的母亲娄太后骂了一顿，拖拽之下还将娄太后摔成重伤。酒醒之后，高洋自责不已，不明白自己怎会做出那样不堪的行径，又痛哭流涕地跑去向母亲赔罪，让母亲杖责自己，还发誓要戒酒。可不到一个月，他便又变回了那个不可理喻的酒鬼。

医官们会诊后一致认为，高洋之所以会出现这种情况，除了长年酗酒外，也不排除有家族精神分裂症的遗传史，如果积极配合治疗，或许还有好转的可能。

王妃不喜欢我该怎么办

我叫萧绎，是南梁的第四位皇帝。

照理说，我的婚姻生活算是皇室秘闻，不该拿到公众面前说，但我已经难受到了不吐不快的程度，如果再不找人倾吐一番，我便只能夜里偷偷抱着枕头哭了。

是的，你没有看错，在这个后宫争宠不断、宫斗轶闻层出不穷的年代，身为真龙天子的我竟然被自己的原配妻子嫌弃了，这到哪说理去？

诚然，与她成婚的时候，我的身份还只是湘东王，但湘东王妃的这个身份说出去，也谈不上不体面。何况我萧绎除了皇室血统外，还是出了名的风流才子，精通诗文，热爱藏书，在军事政治上也有一定的手腕，不夸张地说，想嫁给我的小姑娘从建康排到洛阳。所以我实在搞不清，为什么嫁给我会让她那么痛苦？

忘记介绍了，我的妻子姓徐，名昭佩，出身名门，虽然早就听说了她的外貌并不算出众，但娶妻娶贤，我也没有过于在意。但或许我俩之间注定是一段孽缘，就在她出嫁的那天晚上，途经西州的时候，天地间忽然刮起了八级大风，一时间墙倒屋塌，不一会儿，天上又忽然降下鹅毛大雪，帷帘都被染白了，肃穆得如同吊丧。等到她归宁那日，天空竟又降下惊雷，直直地劈碎了西州府衙的两根柱子。老天爷这么明显的暗示，再看不懂就有点不礼貌了，因此从那时起，我就隐隐觉得我俩的婚姻生活不会太和睦。

事实向我证明，我当初的预感还是太保守了，徐昭佩何止是不喜欢我，她厌恶我简直到了看我一眼，都要三天吃不下饭的程度。而且这个女人报复心很强，被我恶心到了，她就一定要恶心回来，所以每当我来到她的寝宫，企图和她修复感情的时候，她都要故意画上“半面妆”，以此直戳我瞎了一只眼这个痛处。

顺便说一下，她没事的时候也搞宫斗，但她的宫斗是反着来的：哪位妃嫔也讨厌我，她便和那人姐妹相称；哪位妃嫔喜欢我，她便对那人痛下杀手。因此只要有她在，我的后宫便永无宁日。

就在我登基即位的那一年，我们的婚姻也终于走到了尽头，时至今日，想到这段失败的婚姻，我还是会很难过，或许感情一事真的就是种玄学，勉强不来。

小编回复

对于您的情感遭遇，我们深表同情，一段错误的婚姻对夫妻双方来说，都是一种无法挽回的伤害。既然一切已经结束了，还是祝愿您能早日看开，忘却过去，拥抱崭新的人生。